TAXNET
세무/회계 전문 재경비즈니스 포털 서비스

사업을
운영하는
사람들을 위한
6가지
관리회계 도구!

돈이 쌓이는 회계

good

회계사 **김범석** 지음
회계사 **임원빈** 감수

사업을 이해하는 마법, 관리회계

세 가지를 다 놓치지 않았다!

Fun! Kind! Deep!

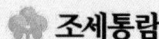

조세통람

머리말

재무제표만 볼 줄 안다면 사업을 잘 할 수 있을까?

아쉽지만 재무제표에 대한 독해 능력만으로는 사업을 잘 운영하기에는 충분하지 않다. 사업을 잘 운영하려면 사업성과를 제대로 분석할 줄 알아야 하며, 복잡한 대내외 환경을 고려하여 다양한 사업방향을 검토할 Simulation도 돌려 볼 줄 알아야 한다. 또한, 조직 및 조직원들에게 적절한 권한과 책임을 부여하고, 그에 따른 보상을 마련할 필요도 있는데, 과거 성과로만 채워져 있는 재무제표만으로는 이 모든 것을 다 담을 수 없기 때문이다.

실제 사업을 운영하는 사람들 - 그 대상이 개인사업자뿐만 아니라 회사의 임직원이 될 수도 있겠다 - 에게는 재무제표로 대변되는 재무회계 이외의 무언가가 필요한 것 또한 현실이다. 필자가 기초관리회계를 쓴 이유가 여기에 있다.

관리회계라는 용어는 지금도 유명한 세계적인 컨설팅법인인 매킨지社의 창업자인 제임스 매킨지 교수가 1924년에 저술한 '관리회계'라는 책에서부터 유래했다고 알려져 있다. 당시 매킨지 교수는 기업에서 경영을 잘하기 위한 기법으로 예산관리를 포함한 다양한 회계기법을 주창하였는데, 당시 재무회계 위주로만 논의되었던 회계 전반에 신선한 발상이었다.

하지만, 관리회계라는 개념을 매킨지 교수가 만들었다고 보기는 어렵다. 체계화되지는 않았지만 사업을 하는 사람들은 저마다 자신만의 고유한 - 때로는 기업비밀이라고도 불리는 - 경영 Know-

how가 있었기 때문이다. 이를 회계적인 시각으로 체계화하고 개념적으로 정립한 것이 '관리회계'라고 볼 수 있다. 다만, 경영 Know-how는 저마다 다르기 때문에, 특히 각각의 사업 운영에 당면한 환경이 다르기 때문에 관리회계에서 소개하는 이론들이 각각의 사업에 – 수학 공식을 대입하듯이 – 완전히 일치할 수는 없다. 따라서, 관리회계를 공부하는 목적은 자신의 사업에 딱 맞는 비법서를 찾기보다는 다양한 환경에서 사업을 잘 운영하도록 참고할 수 있는 백과사전을 찾는 것이라고 보는 것이 더 타당하다.

필자가 쓴 관리회계 또한 독자들에게 백과사전과 같은 도움이 되길 바라는 마음으로 기획하였다. 또한, 독자들의 쉬운 이해를 위해 카페나 베이커리 같이 주위에서 쉽게 볼 수 있는 사례 위주로 구성했지만, 이 책은 자영업자만이 아니라 기업의 임직원들에게도 관리회계를 소개하려는 목적으로 저술하였음을 공감해주었으면 한다. 시시각각으로 변화하는 경영환경에서 사업이 나날이 번창하는 데 – 조금 더 실질적으로 이야기하며 돈을 잘 벌 수 있도록 도움이 되었으면 하는 바람이다.

끝으로 사례에서 주인공으로 활약하고 있는 필자의 아들 태윤이와 곁에서 응원해주는 아내 이규임에게 항상 고마움을 느낀다. 그리고 아들의 책이 나올 때마다 함박웃음으로 기뻐해주시던 – 이제는 하늘나라에 계시는 아버지께도 그리운 감사함을 전해드리고 싶다.

2023년 8월 맑은 여름에 '회계나무 연구소'에서
김범석 연구소장

1
......
Fun

재미가 다르다!

회계, 특히 사업을 관리하기 위한 관리회계 책은 생각보다 딱딱하다. 대부분이 수업서나 이론서 위주로 출판되어왔기 때문이다. 이 책은 누구나 쉽게 관리회계를 접할 수 있도록, 더불어 책상에 앉아 계산기를 꺼내 놓지 않아도 술술 읽힐 수 있도록 다양한 예시를 손쉽게 풀어놓는 데에 집중했다.

2
......
Kind

친절함이 다르다!

관리회계는 사업을 운영하는 과정에서 발생하는 다양한 숙제를 해결하는 데 도움이 되어야 한다. 또한, 도움을 주기 위해서는 다양한 사례뿐만 아니라 사례가 이해되기 쉽도록 쉽게 읽혀야 한다. 이 책은 자칫 이론에 치우칠 수 있는 전문용어와 문구를 지양하여 독자들이 다양한 관리회계 기법들을 쉽게 이해할 수 있도록 기획되었다.

3
......
Deep

깊이가 다르다!

관리회계를 찾는 이유는 사업을 운영하면서 당면한 다양한 문제들 – 원가관리 및 절감, 성과측정 및 평가 그리고 사업계획 수립 등에 도움이 되어야 한다. 쉽고 재미있어야 하겠지만, 다양한 사업에 직면한 여러 문제들을 해결하기에도 부족함이 없어야 한다. 이 책은 20여년 간의 기업컨설팅을 바탕으로 각각의 주제에 대하여 다양한 실무적인 사례를 담아내고자 하는 노력이 담겨있다.

차례

차례

돈이 쌓이는 회계

: 사업을 운영하는 사람들을 위한 6가지 관리회계 도구

사장님,
회계로 관리 좀 하시나요?

01

사장님,
회계 공부 좀 하셨나요?

사업에 회계가 필요한 이유

⚙️ 회계를 모르면 사업하지 말아야…

100억 원의 자산가가 된 코미디언 출신 투자전문가가 출연하는 TV 프로그램을 시청한 적이 있다. 투자전문가는 자신이 투자에 성공한 사연과 노하우를 이야기하면서 옆에 있던 선배에게 쓴 소리를 하기도 했었는데, 선배 또한 다양한 사업에 진출했지만 제대로 성공한 적은 한 번도 없었기 때문이다. 투자전문가는 사업에 실패한 원인을 진단하면서 '재무제표를 볼 줄 모르면 절대 사업을 하면 안 되며, 앞으로도 **사업을 계속하려면 지금부터라도 회계, 통계는 무조건 공부해야 한다**'고 강조하기도 했다.

이에 선배는 변명이라도 하듯이 '그건 아는 동생이 하고 있다'라며 이야기를 했더니, 투자전문가는 '그걸 아는 동생이 하면서 사기 치는 것'이라고 이야기해 웃음을 주기도 했다. 선배에게는 지인의 횡령으로 사업도 망하고 수십억 원에 해당하는 채무를 부담한 경험이 있었기 때문이다.

해당 프로그램을 보면서, 그동안 필자가 사업을 하는 지인들에게 누차 강조했던 이야기를 대신 해주는 것 같아 가슴이 뻥 뚫리는 것 같았다.

⚙ 백종원 씨는 회계를 따로 공부했을까?

인기 있는 TV 프로그램 중에 소위 망해가는 음식점이 모여 있는 상권을 찾아 솔루션을 제공하는 프로그램이 있었다. 필자 또한 해당 TV 프로그램을 즐겨봤는데, 여기에도 회계관련 이야기가 종종 등장해서 무척 재미있게 시청했던 기억이 난다. 일부 독자들은 음식 장사에 굳이 회계가 필요하겠냐고 생각할 수도 있겠지만, 해당 프로그램에서 회계 – 그 중에서도 '원가' – 에 대한 이야기가 제법 많은 분량으로 소개되곤 했다.

흥미로운 사실은 **음식 장사에도 정확한 원가**[1]**를 아는 것이 중요하다고 강조**하면서 백종원 씨가 직접 원가를 계산해서 알려준다는 점인데, 그 과정을 보고 있노라면 회계전문가인 필자도 혀를 내두를 정도이다. 얼마 전에는 판매가격이 만 원이 조금 넘는 파스타의 원가를 백종원 씨의 방식으로 따져보는 과정이 소개되었는데, 그 방식은 다음과 같다.

① 각 재료를 구매 단위별로 준비한다.
② 구매 단위별로 준비한 재료의 무게를 잰다.
③ 계량한 재료들을 1인분으로 계산한다.

---

1) 여기서 '원가'는 총원가가 아닌 재료비에 한정한 원가를 이야기하고 있는데, 원가에 대한 정확한 개념은 'Part 1'에서 자세히 소개할 예정이다.

이런 방식으로 계산해 보니, 해당 프로그램에서 소개된 파스타 전문점에서는 통마늘의 경우 1팩에 8,500원으로 구매하였고, 무게를 재보니 1,000g이었다. 따라서 1g당 통마늘의 가격은 8.5원으로 계산되었다. 또한 파스타 1인분에 50g의 마늘이 사용되기 때문에 파스타 1인분에 사용되는 통마늘의 원가는 425원으로 산출되었다. 이런 방식으로 파스타에 들어가는 모든 재료원가를 산출해보니 1인분에 1,377원으로 계산되었다.

✦ 파스타 1인분에 투입되는 재료원가 계산 방법 ✦

1단계   각 재료를 구매 단위별로 준비합니다.

 ➔ 통마늘 한 묶음에 8,500원에 구매

2단계   구매 단위별로 재료 무게를 잽니다.

구매가격		구매무게		
8,500원	÷	1,000g	=	8.5원 / g

3단계   계량한 재료들로 1인분을 만듭니다.

1g당 가격		통마늘 사용량		
8.5원	×	50g	=	425원 / 1인분

해당 과정을 살펴보면서, 만 원에 판매되는 파스타의 원가가 2천 원도 안 된다는 사실에 놀라는 시청자들도 있었지만 - 물론 재료원가만을 가지고 판매가격을 결정하는 것은 조금은 무리[2]가 있다 - 필자는 백종원 씨가 재료원가를 산출하는 방법을 유심히 지켜보면서 '혹시 회계공부를 따로 하지 않았나'하는 생각이 들 정도였다. 그런데 **필자의 주변에서 사업을 제대로 해본 분들의 이야기를 들어보니 백종원 씨가 이야기하는 원가계산방식은 당연히 알아야 하는 개념**이라고 한다.

---

[2] 사업과 관련하여 이익이 발생할지 또는 손해가 발생할지 여부를 판단하기 위해서는 '재료원가'뿐만 아니라 임대료, 종업원 급여 등 '총원가' 개념으로 접근해야 한다. 원가 개념에 대해서는 'Part 1'에서 자세히 설명할 예정이다.

사업 성공,
셈을 정확히 해야 한다!?

사업에 손익관리가 중요한 이유

⚙ '대박 맛집'인데 3천만 원 밖에 못 벌었다고?

앞선 사례에서 언급한 TV 프로그램에서 가장 기억에 남는 에피소드 중에 또 다른 하나는 돈가스 가게와 관련된 에피소드였다. 해당 가게는 정성으로 음식을 만들기 위해 돈가스 판매량을 하루에 100인분으로 한정하였는데, 가격 또한 1인분에 7천원에서 8천원 정도로 저렴했다. 돈가스 가게에 방문한 백종원 씨는 이제껏 먹어본 돈가스 중에 단연 최고라는 극찬을 아끼지 않았고, 이에 해당 가게는 단숨에 '돈가스 성지'라 불리면서 수많은 인파가 몰리게 되었다.

그런데, 1년이 지난 후에 낯선 소식이 들려왔다. 이런저런 사정으로 시장의 명물로 자리 잡았던 돈가스 가게가 이전을 하게 되었다는 것이다. 사람들이 대기표를 받아가면서까지 항상 줄을 서서 먹던 돈가스 가게라 별다른 걱정이 없을 줄 알았는데, 막상 돈가스 가게 사장은 '집하고 가게 다 해봐야 마련할 수 있는 자금이 3천만 원밖에 안 된다. 여력이 없으니 이사 생각만 하고 있다'라며 예상 밖의 대답을 내놓았다.

이러한 이야기를 옆에서 듣고 있던 백종원 씨는 '**사람들은 돈가스 집에 항상 줄이 서 있으니 돈을 어마어마하게 번다고 생각하지만 나는 안다**' 며 **뜻밖의 공감**의 뜻을 표했다.

필자도 해당 방송을 시청하면서 방송이라 돈가스 가게 사장님이 앓는 소리를 하는 것은 아닐까 생각했는데, 계산기를 꺼내 들고 해당 '돈가스 가게'의 손익을 추정해보니 사장님이 왜 그런 이야기를 했는지 공감이 갔다.

그럼, 한 번 간단하게 '돈가스 가게'의 손익을 추정해보자.

우선 돈가스 1인분의 판매가격을 8천원이라고 해보자. 하루에 100 인분을 판매하고 일요일을 제외한 25일 동안 영업을 한다고 본다면 한 달에 약 2천만 원의 매출이 예상된다. 여기에 돈가스에 포함되는 원재료를 정확히 알 수는 없지만, 평소 백종원 씨가 이야기한 35%의 원재료 비율을 적용[3]해보자. 이럴 경우에 한 달 매출인 20백만 원의 35%인 7백만 원이 원재료에 해당된다.

다만 **가게를 운영하다 보면 다양한 비용들이 발생한다는 사실을 놓치면 안 된다.** 가게를 운영하려면 임대료가 발생하는데, 정확한 시세는 모르지만 중심상권이 아니므로 월 150만 원이 발생한다고 하자. 그리고 전기세, 가스비, 정수기 렌탈비용 등 다양한 비용들이 추가로 발생하는데, 평균 매출의 5%가 발생한다고 가정[4]하여 백만 원이 발생한다고 하자. 마지막으로 방송에서 보면 아르바이트생을 두 명 정도 고용하고

---

3) 실제 방송에서는 재료비가 50%가 들어간다고 했지만, 백종원 씨가 다른 책에서 언급한 관점으로 이야기를 풀어나가 보자.
4) 음식점마다 사정이 다르기 때문에 정확한 통계는 산출하기 어렵지만, 일반적으로 임대료 및 기타 비용들은 매출의 약 10% 이상이 발생한다고 한다.

있다는 사실을 알 수 있으며, 이에 따라 월 아르바이트비가 약 3백만 원이 발생한다고 하자.

✦ 줄 서서 먹는 돈가스 집의 한 달 순이익은 얼마일까? ✦

		계산 내역
월 매출	20,000,000	8,000원×100인분×25일
재료비	7,000,000	8,000원×35%×100인분×25일
임대료	1,500,000	
부대비용	1,000,000	전기세, 가스비, 정수기 렌탈 등
아르바이트비	3,000,000	1인당 150만원×2인
월 순이익	7,500,000	

이렇게 계산해보면 돈가스 가게는 한 달에 2천만 원의 매출이 발생하는 반면, 7백만 원의 재료비용과 임대료, 소모품비 및 아르바이트비 등으로 5.5백만 원이 발생한다. 따라서 돈가스 가게에서 한 달 동안 벌 수 있는 순이익은 약 7.5백만 원으로 계산된다. 해당 돈가스 가게를 부부 둘이서 운영하고 있기 때문에 7.5백만 원[5]은 그리 큰 돈이라고 볼 수는 없다. 이렇게 번 돈으로 아이 교육비며 생활비를 충당하다 보면

---

[5] 만약 방송에서 이야기한 대로 재료비가 매출의 50%까지 사용된다면 재료비가 천만 원이 예상되므로 순이익은 7.5백만 원이 아니라 4.5백만 원이 된다. 또한, 여기에 두 분 사장님의 급여도 고려한다면 월 순이익은 거의 없을 수 있다.

방송에서 보듯이 3천만 원을 모으기도 빠듯했다는 인터뷰가 납득이 된다. 백종원 씨도 이러한 사정을 알기 때문에 돈가스 사장님의 이야기에 충분히 공감한 것은 아닐까? 아무리 줄을 서서 먹는 돈가스 가게라도 실제 손익을 살펴보면 만만치 않다는 사실을 알 수 있다.

⚙ 우리는 회계를 알고 있다, 그리고 알아야 한다.

    음식점 장사 하나만 보더라도 셈에 밝아야 한다. 그리고 그 셈의 중심에는 알게 모르게 회계가 숨어 있다. 앞서 백종원 씨가 계산한 재료 원가의 개념 또한 회계에서 자세히 이야기하고 있으며, 왜 줄 서서 먹는 돈가스 가게에서 생각보다 돈을 모으지 못했는지, 그 이유를 이해하기 위해서는 회계적인 접근이 필요하다. 지금까지의 사례만 봐도 알겠지만, 회계가 일상에서도 자주 활용되며 막연하게 어려운 개념만은 아니라는 사실을 알 수 있다. 그만큼 **회계는 우리 곁에 있으며, 회계를 잘 안다면 우리가 해야 하는 사업에 많은 도움이 될 수 있다.**

03
사장님이 배워야 할 회계는
따로 있다!?
관리회계를 공부해야 하는 이유

⚙ 두 배의 이익, 매출이 두 배일 필요가 있을까?

앞선 사례에서 '대박 맛집'이라고 호평을 받던 돈가스 집의 월 순이익을 추정한 바 있다. 그리고 두 분 사장님의 급여[6]를 제외하면 생각보다 순이익이 적다는 이야기를 한 적이 있다. 돈가스 집의 순이익을 두 배로 늘리고 싶다면, 하루에 판매하는 돈가스 수량을 200인분으로 늘려야 할까? 재미있는 사실은 돈가스 집의 **순이익을 두 배로 늘리기 위해 매출을 두 배까지 늘릴 필요는 없다**는 것이다. 돈가스를 판매하고 가게를 운영하기 위한 **원가들은 매출의 변동과는 다르게 움직이기도 하기 때문**이다.

왜 그런지, 원가 항목별로 살펴보자.

매출이 두 배 증가하면 재료비 또한 두 배 증가한다. 하지만 임대료는 가게를 확장하지 않는 이상 그대로 유지되며, 전기료, 가스료, 정수

---

6) 두 분 사장님의 급여는 실제 지출되지 않는 원가이기 때문에 관리회계에서는 '기회원가'로 분류된다. '기회원가'에 대한 개념은 'Part 4'에서 자세하게 설명할 예정이다.

기 렌탈 등의 부대비용 또한 매출에 비례하여 증가하지는 않는다 - 여기서는 1.5배 증가한다고 가정해보자. 아르바이트비 또한 매출에 비례하여 증가하지는 않는데, 매출 두 배 증가로 한 명의 아르바이트 직원을 추가로 고용했다고 해보자. 이렇게 가정하고 계산해보면 매출이 2천만 원에서 4천만 원으로 증가하고, 재료비는 두 배인 1.4천만 원이 증가한다. 이에 비하여 임대료는 1.5백만 원으로 그대로 유지되며, 부대비용은 1.5배가 증가한 1.5백만 원이 된다. 아르바이트 또한 한 명을 추가 고용하면서 4.5백만 원이 되고, 매출 두 배 증가에 따른 순이익의 증가는 두 배를 초과하는 18.5백만 원으로 계산된다.

✦ 돈가스 수량 증가에 따른 원가 증가를 고려한 예상 순이익 ✦

	100인 분 매출 시		200인 분 매출 시
월 매출	20,000,000	·············· ▶	40,000,000
재료비	7,000,000	···재료비는 매출에 정비례하여 증가한다. ··▶	14,000,000
임대료	1,500,000	···임대료는 매장을 확장하지 않는 이상 그대로 유지된다. ··▶	1,500,000
부대비용	1,000,000	···부대비용 또한 일부 증가하겠지만, 매출에 정비례하지 않는다. ··▶	1,500,000
아르바이트비	3,000,000	···인건비 또한 매출에 정비례하여 증가하지는 않는다. ··▶	4,500,000
월 순이익	7,500,000		18,500,000

⚙ 사장이 배워야 할 회계, 관리회계

매출의 변동과 순이익의 변동이 정비례하지 않는 이유를 이해하기 위해서는 먼저 **원가 하나하나의 움직임을 이해**해야 한다. 매출[7]이 변동함에 따라 동일하게 변동하는 원가를 '변동원가'라고 부르는데, 재료원가가 이에 해당한다. 이에 반하여 매출의 변동과 무관하게 움직이는 원가를 '고정원가' 등으로 부르며, '고정원가'에 해당하는 대표적인 예가 바로 '임대료'이다.

사업을 운영하기 위해서 알아야 할 회계는 우리가 익히 알고 있는 회계와는 조금 다르다. 재무결산이나 주식투자 등을 위한 회계에서는 위에서 언급한 '변동원가', '고정원가' 등의 개념 등이 등장하지 않는다. 재무결산이나 주식투자 등을 위한 회계는 '재무회계'에 해당되며, '변동원가', '고정원가' 등은 재무회계가 아닌 '관리회계'에 해당되기 때문이다.

관리회계는 사업계획 수립, 사업성과 분석, 투자관련 의사결정 등 사업에 직접적으로 필요한 회계를 다룬다. 따라서 **회사를 경영하거나 사업을 운영하는 사람들이라면** '재무회계'가 아닌 **'관리회계'를 공부할 필요**가 있다.

자, 그럼 이제부터 '관리회계'에 푹 빠져보자.

---

7) 원가의 변화 방향과 관련 있는 항목을 '원가동인'이라고 하는데, 원가동인이 꼭 매출일 필요는 없다. 이에 대한 자세한 이야기는 'Part 2'에서 자세히 설명하기로 한다.

회계고수를 위한 **Tip**

회계라고 다 같은 회계가 아니다.

앞서 이야기한 것처럼 **회계를 공부하는 데에도 요령이 필요**하다. 주식투자나 재무제표를 분석하기 위해서는 재무회계 위주로 공부할 필요가 있으며, 회사 사업을 운영하기 위해서는 관리회계 위주로 공부하는 게 좋다. 그리고 세금을 계산하는 목적으로는 세무회계를 별도로 공부해야 한다. 이처럼 회계는 그 목적에 따라 다양하게 나뉘는데, 재무회계, 관리회계 및 세무회계의 차이점을 조금 더 상세하게 알아보자.

정답이 존재하는 회계, 재무회계!

재무회계는 다양한 이해관계자에게 회사의 재무현황을 보여주는 데에 그 목적이 있다. 회사의 재무현황 또한 회사가 마음대로 기록할 수 있는 것이 아니라 일정한 기준, 즉 K-IFRS 및 K-GAAP 등 사전에 정의된 회계기준에 따라 기록하도록 강요하고 있다. 워낙 이해관계자가 다양하다 보니 명확한 회계기준을 제시하여 재무정보가 잘못 활용되는 것을 최소화할 필요가 있기 때문이다. 따라서 회사가 회계기준을 위반하여 재무현황을 작성하는 경우에는 대외적인 불이익을 받게 된다. 또한 일정 규모를 초과하게 되면 외부감사인에게 회사의 재무현황을 감사받도록 강제화하고 있으며, 외부감사인이 인정한, 즉 감사 받은 회사의 재무제표는 누구나 열람할 수 있도록 '금융감독원 전자공시시스템[8]'에 올라가 있다. 우리가 일반적으로 이해하고 있는 그리고 자주 접하는 **회사의 재무제표 및 사업보고서 등은 전부 재무회계 영역에 해당한다.**

⚙ 정답이 없는 회계, 관리회계!

하지만 재무회계만으로는 사업을 운영하는 데에는 한계가 있다. 다양한 이해관계자들을 위해 엄격하게 규정된 회계기준이 때로는 회사의 성과를 분석하고 미래를 예측하는 데에는 충분하지 않기 때문이다. 따라서 회사에서는 회사가 속한 사업환경, 그리고 회사 자체만의 특징을 반영할 수 있는 별도의 기준이 필요할 때가 있는데, 이때 활용될 수 있는 회계가 바로 '관리회계'이다. 관리회계에서는 재무회계와 달리 일정한 기준을 강요하지 않는다. 외부이해관계자들에게 공유할 필요도 없으며, 회사 자체만의 기준이기 때문에 - 일반적으로 통용되는 기준을 제시하지 않고 - 다양한 사례와 예시를 통해 회사가 스스로 기준을 설정할 수 있는 방향성을 알려줄 뿐이다. 따라서 관리회계를 공부하고 나서는 회사 스스로가 자신만의 성과를 측정할 수 있는 방식을 새롭게 정의할 필요가 있다. 정답이 없는 영역이기 때문에 **관리회계의 범위는**

---

8) 네이버나 구글 같은 검색 사이트에서 '전자공시시스템'을 조회하고, 조회된 사이트에서 궁금한 회사를 검색하면 회사의 재무정보를 확인할 수 있다.

다른 회계보다 그 영역이 무척 넓다는 특징이 있다.

⚙ 정확한 세금납부를 원한다면, 세무회계!

재무제표에 대한 내공이 쌓이다 보면, 손익계산서상 '법인세차감전 순이익'을 기준으로 법인세율을 적용해도 납부할 '법인세'가 계산되지 않는다는 사실에 의아할 수도 있다. 하지만 세금과 관련된 회계가 따로 있다는 사실을 놓쳐서는 안 된다.

재무회계가 엄격한 기준에 따라 재무현황을 기록하도록 강제하고 있기는 하지만 가능한 한 객관적이고 논리적인 방향으로 기준을 제시한다. 하지만 세금은 다르다. 때로는 객관성과 논리성을 뒤로 하고, 정부의 정책 방향에 따라 지출을 장려하거나 제한할 필요도 있다. 따라서 재무회계에서는 인정되는 회계처리가 세무회계에서는 인정되지 않기도 하고, 그 반대의 경우도 존재한다.

가령, 접대비의 경우에는 재무회계에서는 접대비 사용에 대한 한도를 부여하지 않고 지출만 하면 그 전부를 비용으로 인정한다. 하지만 접대비의 한도를 정하지 않으면 회사에서 무분별한 비용을 지출하기도 하고 건전한 미풍양식을 헤칠 우려가 존재한다. 이에 따라 세법에서는 접대비에 대한 한도를 정하고 이를 넘는 경우에는 손금 ― 재무회계에서 이야기하는 비용으로 인정하지 않는다. 따라서 회사에서 접대비를 많이 사용하게 되면 재무회계 기준으로는 이익이 줄어들어 납부할 세금이 적게 계산될 수 있지만, 세무회계에서는 한도를 넘는 접대비 지출액은 비용으로 인정받지 못하기 때문에 세무회계상 이익은 접대비 지출 대비 덜 감소하게 되어 납부할 세금이 덜 줄어들게 된다.

세액공제 및 세액감면 또한 특별한 비용 지출을 장려하기 위해 세법에서만 존재하는 제도이며, 재무회계에서는 별도의 회계처리로 인정하지 않고 있다. 이에 따라 재무회계에서 산출된 이익을 기준으로 법인세 비용을 계산해도 실제 납부할 법인세와는 다르게 된다.

이처럼 재무회계와 세법상 기준에는 차이가 있는데, 그렇다고 회사가 재무제표 작성을 위한 재무회계 장부와 세금을 납부하기 위한 세무회계 장부를 따로 관리하는 것은 상당히 불편한 일이다. 따라서 일반적으로 회사는 평소에는 재무회계 기준으로 장부를 관리하고, 세금을 납부할 때 재무회계 기준과 세법상 차이를 조정하여 납부할 세금을 계산하는 방식을 취하고 있다. 이때, **재무회계 기준과 세법상 차이를 조정하는 회계를 '세무회계'**라고 한다. 따라서 실제 세법과 관련된 실무자를 제외하고는 세무회계를 접하는 사람들은 많지 않아, 독자들에게는 생각보다 낯선 용어일 수도 있다.

✦ 회계의 종류 ✦

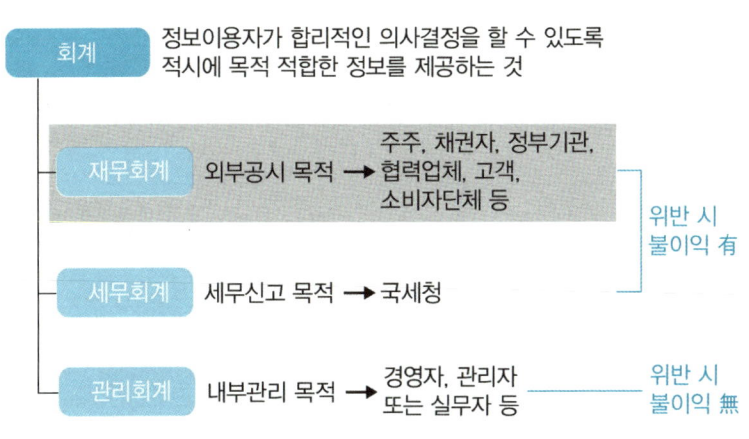

회계
정보이용자가 합리적인 의사결정을 할 수 있도록
적시에 목적 적합한 정보를 제공하는 것

재무회계 외부공시 목적 ➔ 주주, 채권자, 정부기관,
협력업체, 고객,
소비자단체 등

세무회계 세무신고 목적 ➔ 국세청

위반 시
불이익 有

관리회계 내부관리 목적 ➔ 경영자, 관리자
또는 실무자 등

위반 시
불이익 無

돈이 쌓이는 회계

: 사업을 운영하는 사람들을 위한 첫 번째 관리회계 도구

Part 1

관리회계를 공부하기 전에
알아 두어야 할 것들

물건만 만든다고
장사가 되는 건 아니다.

원가에 대한 첫 번째 오해

⚙ '밑지고 판다'라는 거짓말!?

소위 '장사하는 사람이 밑지고 판다'라는 말은 '노처녀가 시집 안 간다'는 말 그리고 어르신이 하시는 '늙으면 죽어야지'라는 말과 함께 3대 거짓말이라고 한다. 당연한 이야기겠지만, 사업을 하는 데 있어서 '손해'가 나지 않아야 하기 때문인데, '밑지고 판다'라는 말은 회계적으로 해석하면 '원가 이하'로 판다는 이야기라고 볼 수 있다. 재미있는 사실은 '밑진다', 즉 '원가 이하'라는 말은 사람이 처한 입장에 따라 다 다르다는 것이다.

한때, 한 대형마트에서 '통큰치킨'이라는 이름으로 5천 원에 치킨을 판매한 적이 있었다. 당시 프랜차이즈 업체의 프라이드 치킨가격이 1.6만 원 정도 하던 시기였으니 그 인기는 이루 말할 수 없었다. 일부 소비자들은 이 가격을 듣고 그 동안 프랜차이즈 업체에서 폭리를 취한 것이 아니냐며 불만을 제기하기도 하였는데, 이에 프랜차이즈 업체에서는 대형마트에서 고객을 끌어들이기 위해 손해를 감수하며 판매한다고 주장하며 치킨원가를 공개하기에 이르렀다. 그런데, 프랜차이즈 업체에서 제시한 치킨의 원가 내역은 일반 소비자들이 생각하는 내역과는 차이가 컸다. 치킨의 원가라고 하면 닭고기, 기름, 튀김가루 등으로만 이루어졌을 거라는 일반적인 생각과는 달리, 프랜차이즈 업체는 임차료, 감가상각비 등 일반인들이 상식적으로 이해하기 어려운 비용들도 모두 포함시켜 원가내역이라고 공개한 것이다.

✦ 2010년 기준 서울의 한 프랜차이즈 치킨 가맹점의 원가 내역[1] ✦

프랜차이즈 가맹점 치킨 원가

(단위 : 원)

구분		응암동 ×치킨집
원재료 가격	닭고기(1마리)	4,300원
	튀김가루	970원
	기름	1,000원
	박스·무·콜라 등 제공품	1,180원
	소계	7,450원
기타 비용	임차료, 수도광열비, 감가상각비	3,268원
	배달비 · 인건비	2,222원
	소계	5,490원
원가 총계		1만2,940원
판매 가격		1만4,000원~1만6,000원

● 당시 닭고기의 시세는 대략 2천 원이었다. 하지만, 프랜차이즈에서는 닭고기 한 마리에 약 4천 원에 해당하는 금액으로 가맹점에 공급하였는데, 여기에는 프랜차이즈 본사에서 발생한 원가 및 마진이 포함되어 있었다.

● 프랜차이즈에서 제시한 치킨 원가에는 일반인이 생각할 수 있는 재료비 이외에도 다양한 내역이 포함되어 있다.

1) 해당 내역은 2020년 10월 16일 프라임 경제 '[10년 전 오늘] 롯데마트 통큰치킨이 쏘아 올린 치킨원가논쟁' 중에서 발췌하였다.

✪ 원가의 정의부터 확인해보자.

왜 소비자와 프랜차이즈 업체에서 생각하는 원가는 다른 걸까? 그 이유를 살펴보기 위해서는 원가의 정의부터 확인해 볼 필요가 있다.

사전적 정의에 따르면, **'원가'란 수익을 발생시키기 위해 투입된 가치**라고 정의된다. 즉, 영업을 위해 지출된 내역은 전부 원가로 볼 수 있다는 의미이다. 따라서 프랜차이즈 업체에서 제시한 내역 등이 전부 '원가'에 포함된다는 사실에는 반론을 제기하기는 어려워 보인다. 다만 사전적 정의에 따른 원가의 의미는 너무 포괄적이기 때문에 회계에서는 원가를 다양하게 세분화하고 있다는 사실도 간과해서는 안 된다.

물건을 팔기 위해서는 **제품을 생산해야 하는데, 이때 발생하는 원가를 '제조원가'**라고 부른다. 프라이드 치킨을 만들기 위해 구입한 닭고기, 기름, 튀김가루 등이 이에 해당한다. 일반적인 소비자들에게 있어서 원가라고 하면 '제조원가'라고만 생각할 수도 있기 때문에, '제조원가'가 원가의 전부라는 소비자의 생각이 틀렸다고 할 수만은 없다.

하지만 물건을 만들기만 한다고 사업이 되지는 않는다. 사업을 하기 위해서는 가게도 빌려야 하고 예쁘게 꾸며야 하며, 판매와 관리를 위해 종업원[2]을 고용할 필요도 있기 마련이다. 이렇게 제품 생산과는 직접적인 연관성이 없어 보일 수도 있지만, 사업을 하기 위해 즉 **판매관리활동을 수행하기 위해 지출되는 원가는 '판매관리원가'[3]**라고 부른다. 그리고 **'제조원가'와 '판매관리원가'를 합쳐서 '총원가'**라고 한다.

---

2) 물건을 만들기 위해 고용한 종업원의 급여는 '제조원가'에 포함되며, 판매와 관리를 하기 위해 고용한 종업원의 급여는 '판매원가'에 포함된다.
3) '판매관리원가'는 실무에서는 '판매비와관리비' 또는 '판매관리비'라는 용어를 주로 사용한다.

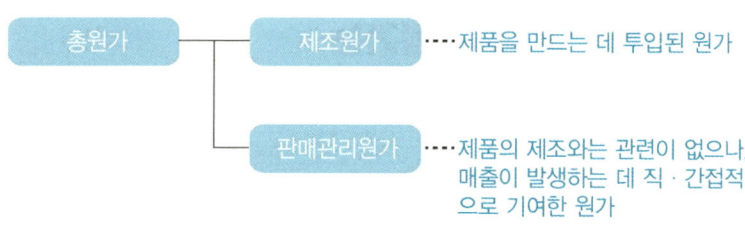

원가의 세분화된 분류에 따르면 소비자가 생각하는 원가는 '제조원가', 판매자가 생각하는 원가는 '총원가'이다. 따라서 '밑지고 판다'라는 말에 판매자와 소비자 사이에는 온도 차가 발생할 수밖에 없는데, '밑지고 판다'라는 말에 소비자는 '제조원가'보다 낮은 가격으로 판다고 생각할 테지만, 판매자는 '판매원가'를 포함한 '총원가'보다 낮은 가격으로 판다고 이야기하기 때문이다. 그리고 사업을 하는 입장에서는 '제조원가'도 중요하지만 '총원가'를 정확히 파악하는 것이 중요하다. 제품 생산과는 관련이 없어도 발생한 모든 지출은 관리되어야 하기 때문이다.

원가는
비용이 아니다.

원가에 대한 두 번째 오해

⚙ 원가가 비용이라는 오해는 그만

'원가'와 관련하여 한 가지 더 알아둘 점은 **'원가'와 '비용'은 다르다**는 사실이다. 그리고 실제 우리가 사용하고 있는 '원가'라는 개념은 회계에서 이야기하는 '비용'에 훨씬 더 가까운데, 그 이유를 사전적인 정의에서부터 살펴보자.

사전적인 정의에 따르면 **'비용'은 수익이 발생되면서 소멸되는 가치**라고 정의되는데, 앞서 '원가'가 수익을 발생시키기 위해 투입된 가치라고 정의되는 것과는 차이가 있다. 수익을 발생시키기 위해 투입되면, 즉 매출을 발생시키기 위해 현금이 지출되면 전부 원가에 해당되지만, 이 중에 소멸되는 원가에 한해서 '비용'으로 기록된다는 의미이다. 그리고 **소멸되지 않은 '원가'**는 비용이 아니라 **'자산'**으로 기록된다.

앞서 프라이드 치킨을 판매하기 위해 구입한 닭고기나 기름 등은 '원가'라고 이야기할 수는 있지만, 판매되기 전까지는 '비용'이라고 부를 수는 없다. 아직 수익이 발생되면서 소멸되지 않았기 때문이다. 즉, 프라이드 치킨을 판매하기 위해 발생한 원가는 '비용'이 아니라 '자산'으로 기록되며, 프라이드 치킨이 팔렸을 때 비용으로 기록될 수 있다.

앞서 이야기한 제조원가를 조금 더 상세하게 표현하면, 제품을 만들기 위해 투입된 원가는 '재고자산'이라는 자산으로 기록되었다가 판매를 통해 소비되었을 때 '매출원가[4]'로 기록된다. 따라서 앞서 소비자가 생각하는 치킨 원가는 조금 더 정확히 이야기하면 '제조원가'라기보다는 '매출원가'에 해당된다.

✦ 원가의 비용화 과정 ✦

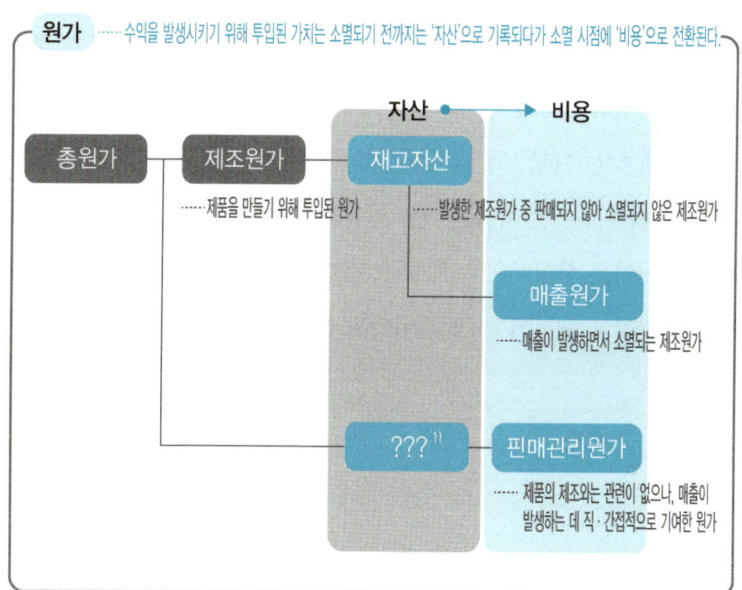

1) 판매관리원가의 유형에 따라 표기될 자산 항목은 다양하다.

---

4) 개념상 정의로 보면, 매출원가는 '매출비용'으로 표기하는 것이 보다 더 올바른 표현이다.

⚙ 모든 원가는 자산에서 비용으로

원가의 자산화를 통한 비용화 과정은 '재고자산'에만 해당되는 것은 아니다. 사업과 관련된 모든 지출, 즉 **모든 원가는 자산화 과정을 거쳐 비용화된다.**

자산의 비용화 과정에 대한 대표적인 예는 '감가상각비'이다. 유형 자산을 구입하는 경우에는 거액의 금액이 지출되기 마련이다. 하지만 유형자산을 구입하는 이유는 일회성 또는 1년 이내 사용을 목적으로 구입하지는 않는데, 회계적으로만 봐도 유형자산을 구입하는 즉시, 비용으로 기록한다면 해당 회계기간[5]의 재무성과가 왜곡될 가능성이 높다. 가령, 매년 2억 원의 매출이 발생하는 카페를 운영하고 있다고 해보자. 이때 5년간 활용할 목적으로 1억 원을 들여 매장 인테리어를 재구성했다고 해보자. 이때 1억 원의 매장 인테리어를 지출 즉시 전액을 비용으로 기록한다면, 첫 해에는 매장 인테리어비용으로 1억 원이 기록되어 카페 순이익은 상대적으로 적게 표시되며, 남은 4년간은 비용이 전혀 기록되지 않기 때문에 카페 순이익은 상대적으로 과대하게 표시된다.

---

[5] 사업이나 장사에 대한 성과는 일정기간을 기준으로 평가하게 되는데, 이를 회계적인 용어로 '회계기간'이라고 한다. 그리고 회계기간은 보통 1년 단위로 관리된다.

✦ 감가상각비의 비용배분 효과 ✦

	20X1	20X2	20X3	20X4	20X5

• 인테리어 지출 즉시, 비용으로 기록하는 경우

	20X1	20X2	20X3	20X4	20X5
매출	2억원	2억원	2억원	2억원	2억원
인테리어비용	(-)1억원	-	-	-	-
순이익	1억원	2억원	2억원	2억원	2억원

• 인테리어 지출을 사용기간에 맞춰 비용으로 기록하는 경우

	20X1	20X2	20X3	20X4	20X5
매출	2억원	2억원	2억원	2억원	2억원
인테리어비용	(-)0.2억원	(-)0.2억원	(-)0.2억원	(-)0.2억원	(-)0.2억원
순이익	1.8억원	1.8억원	1.8억원	1.8억원	1.8억원

이러한 손익의 왜곡효과 때문에 **다년간의 사용목적으로 취득한 유형자산의 취득'원가'는 사용기간에 따라 안분하여 감가상각이라는 '비용'으로 기록**한다. 즉, 다년간의 수익을 발생시키기 위한 현금의 지출은 우선 유형'자산'으로 기록하고, 지출된 현금 총액 중에 수익을 발생시키는 기간, 즉 수익에 대응된 기간 동안의 사용분만큼을 '비용'으로 기록[6] 한다는 의미이다.

일회성, 또는 1년 이내 소멸될 원가 또한 자산화 과정을 거치지 않는 것은 아니다. 그 기간이 짧기 때문에 자산에서 비용으로 전환되는

---

[6] 이를 회계적인 용어로는 '수익비용대응의 원칙'이라고 한다.

과정이 보이지 않기에 바로 비용화되는 것처럼 보일 뿐이다.

가령, 6개월치의 보험료를 미리 현금으로 지출했다고 해보자. 보험료를 납부했다고 해서 납부한 보험료 전부를 바로 비용으로 기록하지는 않는다. 우선 '선급보험료'라는 자산으로 기록하였다가 보험료 혜택이 적용되는 기간에 해당되는 부분만 보험료라는 '비용'으로 기록한다.

만약 납부한 보험료가 20X1년의 6월 1일부터 11월 30일까지가 보험기간이라면 해당 보험료는 '선급보험료'로 기록되지만, 20X1년을 기준으로 보면 보험료라는 원가는 전부 비용으로 전환된다. 하지만 납부한 보험료가 20X1년의 12월 1일부터 20X2년 5월 31일까지라면, 20X1년에는 1개월치의 '선급보험료'는 보험료비용으로 비용화되지만, 20X1년 기준으로는 보험기간이 도래하지 않은 - 즉, 20X2년에 비용으로 기록될 5개월치의 보험료는 여전히 '선급보험료'라는 자산으로 기록된다.

✦ 그 외 원가의 비용화 과정 ✦

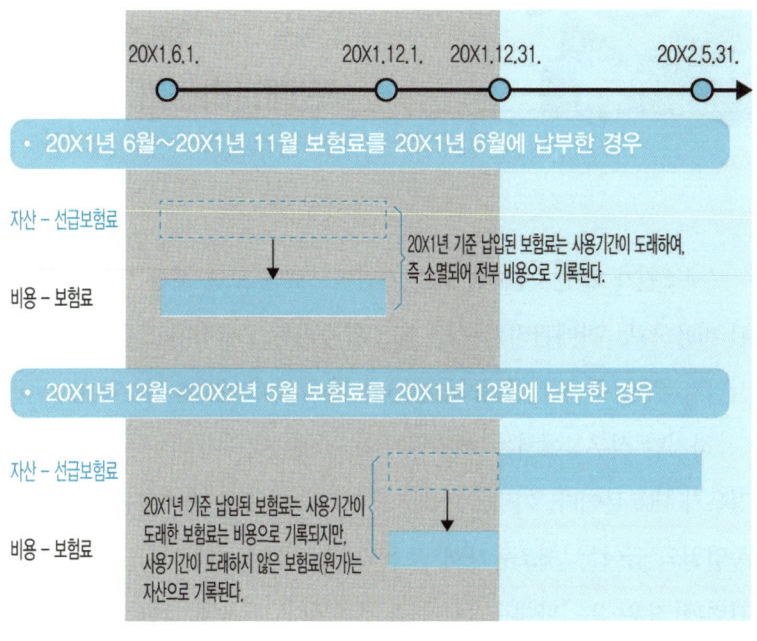

20X1.6.1.　　　20X1.12.1.　20X1.12.31.　　　　20X2.5.31.

- 20X1년 6월~20X1년 11월 보험료를 20X1년 6월에 납부한 경우

자산 - 선급보험료

비용 - 보험료

20X1년 기준 납입된 보험료는 사용기간이 도래하여, 즉 소멸되어 전부 비용으로 기록된다.

- 20X1년 12월~20X2년 5월 보험료를 20X1년 12월에 납부한 경우

자산 - 선급보험료

비용 - 보험료

20X1년 기준 납입된 보험료는 사용기간이 도래한 보험료는 비용으로 기록되지만, 사용기간이 도래하지 않은 보험료(원가)는 자산으로 기록된다.

　이처럼 수익 발생을 위해 투입된 가치인 원가는 모두 소멸되기 전까지는 자산화 과정을 거쳐 수익 발생을 위에 소멸되는 시점에 비용화된다. 다만 회계 시점에 따라 원가를 자산 또는 비용으로 기록할 뿐이다.

'매출원가'와 '판매관리원가'의 구분

'제조원가' 또는 '매출원가'는 개념적으로만 보면 제품 생산과 관련된 비용으로, '판매관리원가'는 제조 활동과는 무관하지만 수익을 발생시키기 위한 판매관리활동과 관련된 비용으로 이해할 수 있다.

하지만 실무상에서는 '제조원가'와 '판매관리원가'의 구분이 애매한 경우가 대부분이다. 가령, 종업원 급여의 경우에도 제조활동과 관련된 종업원의 급여는 '제조원가'에 포함되지만, 일반 사무직이나 영업직과 관련된 경우에는 '판매관리원가'로 분류된다. 건물에 대한 감가상각비 또한 해당 건물이 제조활동에 활용되는 공장인 경우에는 '제조원가'로 분류되지만, 관리직 등 사무용도로 활용되는 경우에는 '판매관리원가'에 해당된다.

다만 사장님 등 제조와 판매활동을 함께 진행하는 임직원의 급여나 공장과 사무실을 함께 쓰는 건물 등 그 구분이 애매한 유형자산의 감가상각비 등은 '제조원가' 또는 '판매관리원가'를 명확하여 분류하기가 어렵다. 제조활동과 판매관리활동이 혼재되어 있기 때문인데, 이러한 경우에는 합리적인 배분기준을 통해 '제조원가'와 '판매관리원가'로 안분[7] 해야 한다.

---

7) 공통원가의 배부문제는 'Part 3'에서 자세히 설명할 예정이다.

원가가 비용이 되는
방식도 가지가지…

'감가상각'만큼은 이해하자

⚙ 식당에서 잃어버린 신발, 얼마로 보상받을 수 있을까?

원가가 자산화를 거쳐 비용화되는 과정은 회계가 어떤 관점으로 재무성과를 관리하는지를 설명하는 대표적인 예이다. 자산으로 기록된 원가가 비용화되는 방법 또한 다양한데, 회계 초보자들에게는 조금 어려울 수도 있겠지만 짚고 넘어갈 필요가 있다. 어려운 개념이기 때문에 사례를 통해 풀어가 보고자 한다.

어느 날 태윤이는 유명한 음식점에 식사를 하러 갔다. 정신없이 식사를 마치고 나와 보니 한 달 전에 구매한 신발이 없어졌다는 사실을 발견하였다. 처음에는 누군가 신발을 잘못 신고 간 것이라고 생각하고, 그 누군가가 나타나리라 기대하고 있었다. 하지만 영업이 종료될 때까지 해당 신발을 찾을 수 없었는데, 가게 주인은 미안하다고 하면서 피해보상으로 5만 원을 주겠다고 하였다. 태윤이는 가게 주인의 제안을 받는 게 합리적일까? 회계적인 관점에서 가게 주인이 제시한 금액이 적정한지 확인해 보자.

해당 사례에서 가장 먼저 고민할 부분은 바로 신발이라는 자산의 가치이다. 신발이라는 특성상 언제 어디서나 쉽게 구입할 수 있으므로 신발의 최초 가치는 신발을 구입할 당시의 가격, 즉 취득원가라는 사실에 동의하지 않을 사람은 거의 없을 것이다.

다만 이미 신발을 구입한 이후 한 달 동안 신고 다녔기 때문에 신발의 구입가격 그대로를 보상받기는 어려워 보인다. 한 달의 사용기간으로 신발의 가치는 감소했기 때문이다. 즉, 신발 사용에 따라 소멸된 가치는 '감가상각비'라는 비용으로 인식되어야 하고, 소멸하지 않고 남아있는 가치는 신발이라는 '유형자산'으로 기록되어야 한다. 그리고 미소멸된 유형자산의 가치에 해당되는 부분만큼만 가게 주인에게 보상을 청구하는 것이 합리적이다.

여기서 한 가지 더 고민할 부분은 사용된 신발의 가치를 어떻게 측정, 즉 감가상각비를 어떻게 계산하는가 – 회계적인 용어로는 '감가상각방법' – 에 있다. 간단하게 계산해보면, 평균적인 신발의 보유기간을 비용인식 기간[8]으로 산정하고 총 보유기간 중 사용기간에 해당하는 부분만큼만 1/N로 일정하게 비용화하는 방법을 생각해볼 수 있다.

이렇게 시간의 흐름에 따라 일정하게 자산의 가치가 감소되는 것으로 가정하여 계산하는 방식을 '정액법'이라고 하는데, 문제는 상대방인 가게 주인의 생각은 다를 수도 있다는 데에 있다. 가게 주인 입장에서는 새로 산 신발의 가치는 빠르게 감소되는 것이 더 합리적이라고 생각할 수 있다. 즉, 초기에 자산의 가치가 많이 감소되고 시간이 지날수록 자산의 가치가 서서히 감소되는 방식을 '정률법[9]'이라고 하는데, 해당 방

---

8) 이를 회계학 용어에서는 "내용연수"라고 한다.

법도 합리적으로 보인다.

또 다른 방식으로는 태윤이가 구입한 신발을 신고 걸을 수 있는 걸음 수를 예상하여 총 걸음 수 대비 현재까지의 걸음 수를 계산하여 비용화하는 방법도 생각해볼 수 있다. 자주 사용되지는 않지만 이러한 방식을 '생산량 비례법'이라고 하는데, 기업 실무에서는 광산에서 석탄을 채굴하는 등 일정 자원이 정해져 있고 이를 채굴하는 양을 측정할 수 있는 경우에 주로 사용된다. 만약 추정만 정확하다면 다른 방법보다 더 정확한 방법이라고 할 수 있다.

✦ 다양한 감가상각방법 ✦

신발의 비용화 방법

···· 시간의 흐름에 따라 감소하는 방법은 다양

일정하게 감소　--▶　총원가　$\dfrac{\text{취득원가} - \text{잔존가액}[1]}{\text{내용연수}}$

초기에 많이 감소　--▶　정률법　$(\text{취득원가} - \text{감가상각누계액}) \times \text{상각률}[2]$

사용량에 비례하여 감소 --▶ 생산량비례법　$\dfrac{\text{취득원가} - \text{잔존가액}[1]}{\text{총 생산량}} \times \text{당 회계연도 생산량}$

1) 처분 시, 유형자산의 처분가액이 있다면 인식해야 하는데, 이를 잔존가액이라고 한다.
2) 정률법상 상각률 공식은 조금 어려워서 일반적으로 상각률표를 기준으로 상각률을 이용한다.

9) 정률법의 계산 방식이 다소 복잡하기에 이를 간편법으로 적용하는 방식이 있는데, "이중체감법"이라고 한다.

✿ 다시 한 번, 관리회계에는 정답이 없다!

여기까지의 논의를 바탕으로 태윤이는 ① 신발의 구입가격이 20만 원이고 ② 신발의 가치는 시간의 흐름에 따라 일정하게 하락하기 때문에 "정액법"을 적용하고 ③ 과거 경험상 신발의 사용기간을 3년이라고 가정한다면, 한 달이 지났기 때문에 약 19.5[10]만 원이라고 주장할 수 있을 것 같다.

자산의 비용화 과정에는 ① 투입된 원가, ② 비용화 방법, 즉 감가상각방법 및 ③ 내용연수라는 사용기간에 대한 가정이 필요한데, **재무회계에서는** 강제화된 회계기준이 있기 때문에 각각의 항목에 대해서 어느 정도 적용해야 하는 기준이 정해져 있다. 하지만 **관리회계라면** 회사의 사정에 맞게 각각의 항목을 자율적으로 선정하여 재무성과를 측정할 수 있다. 감가상각 방법을 예로 들면, 위에서 제시한 정액법, 정률법 및 생산량비례법 이외에도 **회사만의 감가상각방법을 개발하여 적용할 수 있다.** 다시 한 번 강조하지만 관리회계에는 정답이 없으며, 회사에 적용 가능한 방안들이 있을 뿐이다. 그리고 사업의 성과가 제대로 측정되었는지 여부는 회사가 얼마나 적용 가능한 방안을 적정하게 활용했느냐에 따라 성패가 갈린다.

사족이지만, 태윤이가 제시한 보상안에 대해서 가게 주인이 동의하지 않는다면 어떨까? 다행히 "소비자분쟁해결기준"을 활용할 수 있다. "소비자분쟁해결기준"에서는 이러한 다툼을 해결하기 위한 배상 기준이 존재한다. 해당 배상 기준은 취득가액에 사용일수를 환산하여 95~20%

---

10) 20만 원 - 20만 원 × 1개월 / 36개월

를 배상하도록 되어 있는데, 이는 정액법으로 감가상각을 하는 회계기준과 일맥상통하다. 태윤이의 경우, 가게 주인과 자신의 구두에 대한 내용연수 및 감가상각방법의 합리성을 설득하기보다는 "소비자 보호원"에서 제시하고 있는 일반적인 배상기준으로 논의하는 것이 합리적일 것이다.

04

현금만 잘 관리한다고
되는 게 아니다.

현금주의 vs. 발생주의

⚙ 현금이 왕이다!?

사업을 하다 보면 '현금 관리'가 중요하다는 이야기를 자주 듣게 된다. 하지만 '현금 관리'만으로는 사업의 손익을 제대로 판단하기는 어려운데, 사례를 통해 그 이유를 살펴보자.

> 카페를 운영 중인 태윤이는 올해는 사업이 잘 된 것 같아 기분이 좋다. 근처에 있는 회사에도 정기적으로 커피를 납품하는 등 예상외의 안정적인 매출 증가도 있었고, 카페 인테리어를 Renewal한 것 말고는 딱히 목돈이 들어가지 않았기 때문이다. 따라서 올해는 좀 벌지 않았나 기대했는데 통장 잔고를 살펴보니 백만 원만 남아 있어 당황스러웠다. 혹시 놓친 건 없는지 확인해보자는 생각에 손익계산서를 작성해 보았는데, 통장 잔고에 백만 원이 남는 게 맞다는 계산이 나왔다. 이에 평소에 친하게 지내는 회계사와 상담을 했더니, 회계상 이익은 백만 원이 아니라 2천만 원이 된다는 것이다. 회계사의 말에 기분은 좋아졌지만, 태윤이는 회계사가 계산한 이익과 자신이 계산한 이익에 왜 차이가 있는지 궁금하다.

- 커피를 55백만 원 팔았으며, 50백만 원이 입금되었다.
- 16백만 원의 커피 원두를 구입해서 소진한 결과, 4백만 원의 원두가 남았다.
- 매장 임대료는 연간 12백만 원을 지불한다.
- 직원 급여는 Part-time으로 지급하고 있으며, 연간 6백만 원으로 계약하였다.
- 매장 인테리어를 위해서 15백만 원을 지출하였다.
- 태윤이는 얼마를 벌었을까?

- 태윤이가 계산한 손익

손익계산서	
커피 판매	50
원두 구입	(16)
임대료	(12)
직원 급여	(6)
매장 인테리어 지출	(15)
통장 잔고	1

- 회계사가 계산한 손익

손익계산서
?
이익   20

Vs.

사업을 시작하는 단계이거나 규모가 크지 않은 경우에는 사업의 흐름이 한눈에 보이기도 하고 따로 시간을 들여 회계장부를 작성할 여유가 없기도 해서 입출금되는 현금을 기준으로 사업의 성과를 가늠하기도 한다. 손익의 흐름은 결국 현금 잔고로 귀결될 거라는 생각에 통장 잔고가 사업을 통해 벌어들인 회계상 이익과 큰 차이가 없을 거라는 생각에 서일 듯하다. 하지만 사업을 하는 사람이라면 회계의 **손익 흐름과 입출금되는 현금의 흐름에는 큰 차이가 있다**는 사실에 유념해야 한다.

기본적으로 회계는 "발생주의"에 기반하여 산출되는데, **"발생주의"란 거래가 '발생한' 시점을 기준으로 기록하는 것으로, 해당 기간의 경영성과를 합리적으로 측정하는 데 그 목적이 있다.** 이와는 반대로 '현금이 들어오고 나가는' 시점을 기준으로 거래를 기록하는 "현금주의" 회계도 존재한다. 즉, 현금을 수취하였을 때 수익으로 인식하고 현금을 지출하였을 때 비용으로 인식하는 회계처리 방식으로, 일반적으로 작성하는 가계부는 대부분 이러한 방식을 취한다.

그런데 발생주의에 의해 기록되는 이익은 현금주의에 의해 계산되는 현금 잔액과는 차이[11]가 존재한다. 태윤이네 카페는 근처 회사에 정기적으로 커피를 납품하고 한 달 후에 대금을 정산하기로 계약한 거래가 있다. 커피를 판매하였지만 현금은 한 달 후에 받기로 한 5백만 원의 매출채권은 현금이 입금되지 않은 상태이다. 따라서 커피는 판매하였지만 현금이 입금되지 않은 5백만 원은 회계상 이익과 현금잔액과의 차이로 설명될 수 있다.

두 번째로 앞서 '원가'의 정의에서 이야기했지만, 현금이 지출되었다고 전부 비용이 되지 않는다는 사실에 주목해야 한다. 소진되지 않는 원가는 자산으로 남게 되는데, 커피 제조를 위해 구매한 16백만 원의 원두 중에 아직 소비되지 않은 4백만 원의 원두 또한 비용이 아니라 자산으로 기록된다. 따라서 아직 소비되지 않고 남아있는 4백만 원의 원두 또한 회계상 이익과 현금잔액과의 차이로 설명될 수 있다.

마지막으로, 태윤이가 가게 인테리어를 꾸미는 데 총 15백만 원의 현금이 지출되었지만, '발생주의[12]'에 따라 해당 인테리어 원가는 다년간에 걸쳐 비용 처리하는 것이 합리적이다. 카페 인테리어가 매출에

---

11) 사업이 운영되는 과정에서 수익의 발생과 현금유입이 동시에 일어나지 않은 경우가 대부분이며, 비용의 발생도 현금유출과 동시에 일어나지 않은 경우가 많다.
12) 발생주의는 합리적인 손익측정에 그 목적이 있기 때문에, 수익에 대응되는 비용은 동일 기간에 인식되어야 한다. 이를 회계에서는 "수익비용대응의 원칙"이라고 한다.

미치는 영향을 3년이라고 가정한다면, 카페 인테리어에 들어간 지출은 3년 동안 이연하여 비용을 인식해야 한다. 이를 고려하면 15백만 원의 현금이 지출된 인테리어 공사 원가 중에 아직 비용으로 인식하지 않은 10백만 원만큼 또한 회계상 이익과 현금잔액과의 차이로 설명이 가능하다.

✦ 발생주의에 따른 손익계산 방법 ✦

사례를 발생주의에 따라 다시 구성해보면…

① 현금이 들어오지 않았지만 커피를 판매했으므로 수익으로 인식
→ 매출이 발생했으면, 아직 현금이 들어오지 않은 5백만 원도 매출로 인식
② 원두를 구입했지만 커피 판매에 소진되지 않은 원두는 비용이 아닌 자산으로 인식
→ 총 원두 구입 중에 소진한 12백만 원은 매출원가로, 남아있는 4백만 원은 재고자산으로 인식
③ 매장 인테리어는 향후 수년간 매출에 영향을 미치므로 해당 기간에 걸쳐 비용으로 인식
→ 매장 인테리어는 일반적으로 3년 동안 유지되므로 총 투자비용을 3년 동안 매년 비용으로 인식

• 태윤이가 계산한 손익

손익계산서	
커피 판매	50
원두 구입	(16)
임대료	(12)
직원 급여	(6)
매장 인테리어 지출	(15)
통장 잔고	1

• 회계사가 계산한 손익

손익계산서	
매출 : 커피 판매	55
매출원가 : 원두 구입	(12)
판관비 : 임대료	(12)
직원 급여	(6)
매장 인테리어 지출	(5)
이익	20

⚙ 사업 성과는 지속적으로 관리되어야 한다.

'발생주의'에 따라 장부를 관리해본 사람이라면 거래유형이 다양해질수록 회계장부를 관리하는 것이 어렵다는 사실에 동의하기도 한다. 오히려, 현금의 입출금을 그대로 기록하는 '현금주의'가 훨씬 직관적이고 효과적으로 느껴질 수도 있다. 그럼에도 불구하고 '발생주의'에 따르는 손익관리를 권장하는 이유는 사업의 연속성에 있다.

한순간의 일획천금을 노리고 진행하는 사업은 거의 없다. 짧게는 수년, 길게는 수십 년 이상을 운영해야 하는데, 이때 **사업의 성과를 기간별로 비교 가능하게 하는 방식이 바로 '발생주의'**이다. 앞서 태윤이의 사례에서 매출에 별다른 이슈가 없다면, 그리고 '현금주의'에 따라 장부를 기록한다면 다음 해의 성과는 크게 개선된 것처럼 보일 수 있다. 매장 인테리어 지출은 '0'으로 기록될 것이고 원두 구입 또한 태윤이가 얼마만큼의 여유분을 관리하느냐에 따라 지출되는 현금규모가 달라지기 때문[13]이다.

발생주의는 연속적인 사업활동을 가정[14]**하여 정확한 기간별 성과측정에 초점**을 맞춘다. 또한 기간별 정확한 성과측정이 가능하다면 **이번 회계연도에 사업을 잘했는지 못했는지를 평가**하기도 쉬우며, 과거를 기반으로 **미래에 대한 예측에 활용**하기도 용이하다. 또한 다양한 경영환경 변화를 가정하여 미래를 대비할 수 있도록 다양한 버전의 **경영계획을 수립하는 데에도** 쉽게 **활용**할 수 있다. 회계의 기본개념인 '발생주의'를 이해하고 사업의 성과를 관리해야 하는 이유가 여기에 있다.

---

13) 하지만 '발생주의'에 따라 장부를 기록한다면 다음 해의 성과는 올해와 유사하게 나타나게 된다.

14) 이를 회계적인 용어로 '계속 기업의 가정'이라고 한다.

05

그럼에도 현금 관리는
잘 해야 한다.

유동성 관리는 현금 관리로…

⚙ 그럼에도 현금관리가 필요한 이유

그렇다면 현금주의 회계는 중요하지 않은 정보일까?

경영 환경이 어려울 때마다 "흑자도산"이란 용어가 신문지상에 자주 등장하기도 하는데, **"흑자도산"이란 회계상으로는 이익이 발생하지만 기업이 일시적으로 충분한 현금을 확보하지 못해 도산에 이르는 경우**를 의미한다.

회계기준인 발생주의에 따라 현금이 입금되지 않았음에도 매출로 인식할 수 있는 이유는 경영활동이 지속된다는 가정이 있기 때문이다. 다만 **발생주의를 통해서는 일시적인 기업의 자금 유동성 여부를 충분히 파악할 수 없다.** 따라서 기업의 자금 환경이 여유롭지 않은 경영 환경하에서는 "현금주의" 또한 경영활동을 위해 주목하여야 할 중요한 경영지표 중 하나이다. 일반적으로 자산을 사람의 외형인 "체격", 손익을 지속적으로 체격을 유지할 수 있는 "체력", 그리고 현금을 체력을 유지할 수 있는 "피"로 비유하는 이유도 그 만큼 경영환경에서 현금 또한 중요

05 그럼에도 현금 관리는 잘 해야 한다. **53**

한 지표로 인식되기 때문이다

가령, A라는 회사에서 원가 2백만 원에 해당하는 물건을 외상으로 구매하여 3백만 원에 외상으로 팔았다고 해보자. 그러면 손익계산서에는 당연히 3백만 원의 매출과 2백만 원의 매출원가가 발생하여 백만 원의 순이익이 기록된다. 그런데 만약 물건을 구매한 외상대금은 한 달 내에 갚아야 하는데 외상으로 판매한 매출대금은 3개월이 지나서야 회수된다면, 그리고 수중에는 땡전 한 푼 없다면 어떻게 될까?

✦ 흑자도산이 발생하는 경우 ✦

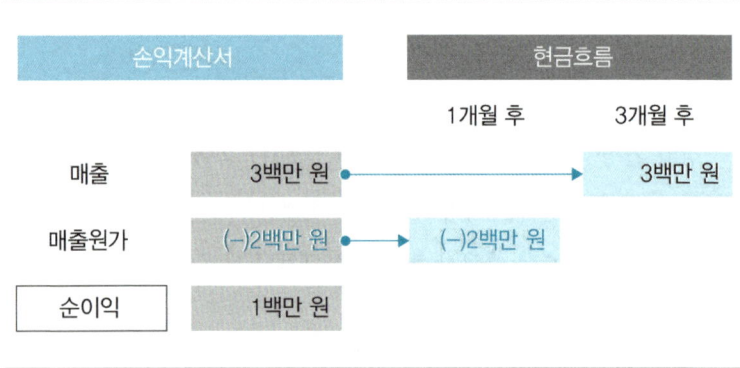

손익계산서에는 백만 원이 이익으로 표시되겠지만, 당장에 현금화가 되지 않아 부도가 발생하게 된다. '흑자도산'이 바로 여기에 해당된다. 사업을 하는 데 있어 현금이 중요한 이유 중 하나가 바로 여기에 있다. 아무리 손실, 즉 적자가 발생해도 충분한 현금이 있다면 당장에 사업은 망하지 않지만, 만약 수중에 충분한 현금이 없다면 아무리 이익이 나더라도 '흑자도산'처럼 망할 수 있기 때문이다.

⚙ 장기적으로는 이익, 단기적으로는 현금에 주목하라.

　그렇다면 '이익'이 아니라 '현금'이 더 중요한 것은 아닐까 생각하는 독자들도 있을지 모른다. 여기서 우리가 오해하면 안 되는 사실은 **'흑자도산'이 발생하는 이유는 단기간의 현금이 부족하기 때문**이다. 특별한 경우를 제외하고는 '이익'이 발생하면 현금이 쌓이게 마련인데, 현금으로 회수되는 시기에 차이가 있을 뿐이다. 따라서 사업을 운영하면서 **단기적으로 현금이 부족하지 않도록 잘 관리해야 한다는 것**이지 발생주의에 따른 '이익'의 의미를 애써 과소평가할 필요는 없다.

　많은 회계학자들의 오랜 연구결과에서도 장기적으로는 기업의 가치를 가장 정확하게 반영하는 지표는 순이익이라고 이야기하고 있다. 다만 사업을 운영하는 데에 있어서 단기적인 현금흐름을 무시해서는 안 된다. 마치, 흑자도산처럼….

사업한다면 VAT는 놓치지 말아야 한다.

VAT의 의미

⚙ 부가가치세는 내가 내야 할 세금이 아니다!

손익관리에 집중하다 보면 놓치기 쉬운 현금흐름 중 하나가 '부가가치세'이다. 그리고 '부가가치세'는 매입과 매출거래가 발생할 때마다 부과되는 세금인데, 문제는 '부가가치세'는 손익에 영향을 주지 않기 때문에 실제 놓치기 쉬운 현금흐름이라는 사실에 유의해야 한다.

부가가치세란 말 그대로 부가가치에 내는 세금을 의미한다. 어떤 상품을 팔고 그 부가가치, 즉 이윤에 대한 세금을 내는 것인데, 부가가치세의 납부는 최종 소비자에게 있다. 가령 소비자가 3천 원에 해당하는 커피를 마셨다면 3천 원의 10%[15]에 해당하는 300원의 부가가치세를 납부해야 한다. 하지만 최종 소비자가 물건을 살 때마다 부가가치를 하나하나 계산해서 세무서에 납부하는 것은 여간 번거로운 일이 아니다. 따라서 300원의 부가가치세는 물건을 구매할 때 포함시켜 물건을

---

15) 우리나라에서는 소비형 부가가치세를 적용하고 있으며, 부가가치세는 10%로 단일화되어 있다.

판매하는 사업주가 대신 납부해주는 방식을 취하고 있는데, 이러한 방식을 '간접세'라고 한다.

다만 **부가가치세는** 최종 소비자를 확정할 수 없기[16] 때문에 **각 거래 단계마다 부가가치세를 걷도록** 되어 있어 조금 복잡한 단계를 거치게 된다. 즉, 원두를 구입하는 단계에서 발생한 부가가치세는 원두판매업자의 거래가격에 포함시키고, 커피를 판매하는 단계에서 발생한 부가가치세는 커피의 거래가격에 포함시키는 방식으로 진행된다.

태윤 사장이 1,000원에 해당하는 원두를 구매할 때, 실제 원두업자와의 거래금액은 1,100원이 된다. 원두가격으로는 1,000원을 기록하지만 '부가세예수금'이라는 항목으로 100원을 추가하여 1,100원을 지급해야 하기 때문이다. 여기서 태윤이가 원두판매업자에게 지급한 1,100원 중에 100원은 태윤이가 최종 소비자를 대신해서 지급하는 부가가치세이므로, 태윤이는 '부가세대급금'으로 별도 기록한다. 그리고 태윤이는 소비자에게 3,000원에 해당하는 커피 한 잔을 팔 때, 소비자에게 요구하는 금액은 3,000원이 아니라 부가가치세를 포함한 3,300원이 된다. 커피에 대한 매출은 3,000원이지만, 300원의 '부가세예수금'을 소비자 대신 걷어야 하기 때문이다. 그리고 태윤이는 최종 소비자를 대신해 납부할 '부가세예수금'인 300원을 납부하고 원두판매업사에게 태윤이가 미리 납부한 '부가세대급금'인 100원을 환급받기 때문에, 결국 200원을 부가세로 세무서에 납부하는 결과가 된다. 물론 앞서 원두판매업자가 태윤이에게 미리 받은 100원 또한 세무서에 납부하게 된

---

16) 만약 카페를 운영하는 태윤이가 구입한 원두를 손님에게 판매했다면 최종 소비자는 손님이 되지만, 태윤이 본인이 커피를 마시는 데 소비했다면 최종 소비자는 태윤이가 된다.

다. 이 과정을 거치면 최종소비자는 결국 300원의 부가세를 납부한 결과가 된다.

✦ 부가가치세의 흐름 ✦

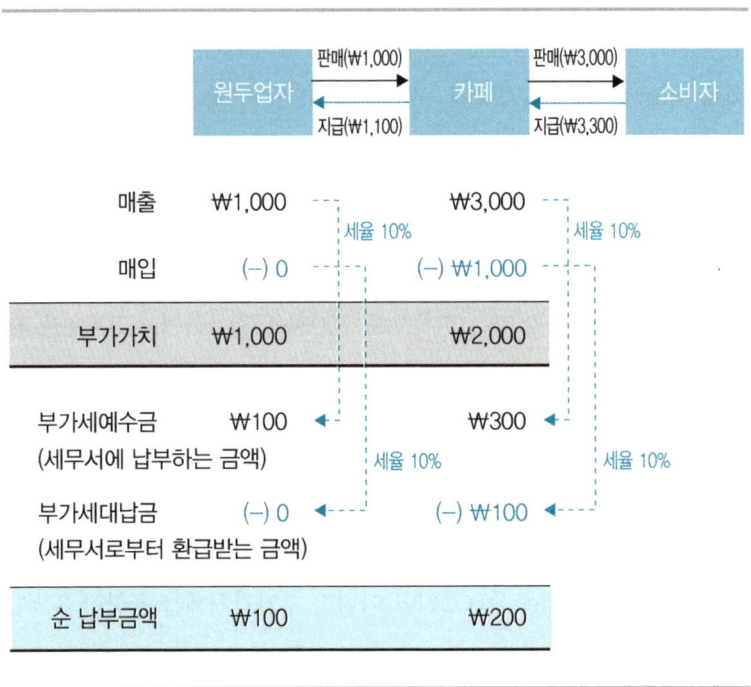

사업을 하는 과정에서 헷갈리는 부분은 3,000원짜리 커피 한 잔을 팔면서 소비자에게 받는 3,300원을 받게 되는데, 이 3,300원이 전부 수익이라고 오해하는 경우가 종종 발생한다는 점이다. 또한 사업을 하는 입장이라면 분기 또는 반기별로 부가세는 국세청에 납부해야 하는데, 종종 현금 잔액이 전부 사업의 성과라고 오해하는 경우도 종종 볼 수 있다. 따라서 사업을 하는 입장에서는 부가가치세로 받은 금액은 사업의 손익이 아니라 최종소비자를 대신해 일시적으로 보유하고 있는 - 즉, 국세청에 지급해야 하는 것임을 잊지 말고 현금을 바라봐야 한다는 사실에 유념해야 한다.

돈이 쌓이는 회계

: 사업을 운영하는 사람들을 위한 두 번째 관리회계 도구

Part 2

사업에 망하지 않으려면
알아야 할 것들

01

원가에도
저마다 개성이 있다!?

'변동원가'와 '고정원가'의 분류

⚙ 제품을 두 개 만든다면 제품원가가 두 배가 될까?

제품을 두 개 만든다면 제품원가도 두 배가 될까?

정답부터 이야기하면 '아니다'. 그 이유는 원가마다 그 움직임, 조금 더 유식한 말로 표현하면 원가행태[1] (Cost Behavior)가 다 다르기 때문이다. 가령 카페를 운영하고 있다고 했을 때, 커피 생산량 또는 판매량에 따라 원두라는 재료원가는 동일하게 증가한다. 하지만 커피를 제조하기 위해 필요한 에스프레소 머신의 구입가격이나 매월 고정적으로 지급되는 종업원 급여는 커피 판매량과 상관없이 일정하게 유지, 즉 변하지 않는 것이 일반적이다.

이처럼 **제품의 생산량이나 판매량[2]이라는 활동 수준에 따라 그 크기가 변하는 원가가 있는데, 이를 '변동원가'라고 하고,** 카페에서 사용

---

1) '원가행태'란 생산량 또는 판매량 등과 같은 조업도가 증가하거나 감소함에 따라 발생 원가의 총액이 변동하는 움직임을 의미한다.

2) 엄밀히 이야기하면, '생산량 또는 판매량'이 아닌 '조업도'가 정확한 회계용어이다. 하지만 '조업도'라는 용어가 낯설기도 하고 회계를 전문적으로 공부하는 입장이 아니므로 '생산량 또는 판매량'이라고 이해해도 무방하다.

되는 원두 등이 이에 해당한다. 반면에 **제품의 생산량이나 판매량이라**
는 활동 수준과는 무관하게 그 크기가 일정하게 유지되는 원가도 있는
데, 이를 '고정원가'라고 한다. 앞서 이야기한 에스프레소 머신의 구입
가격이나 종업원 급여 등이 이에 해당된다.

✦ **제품 생산량 또는 판매량 변화에 따른 원가행태** ✦

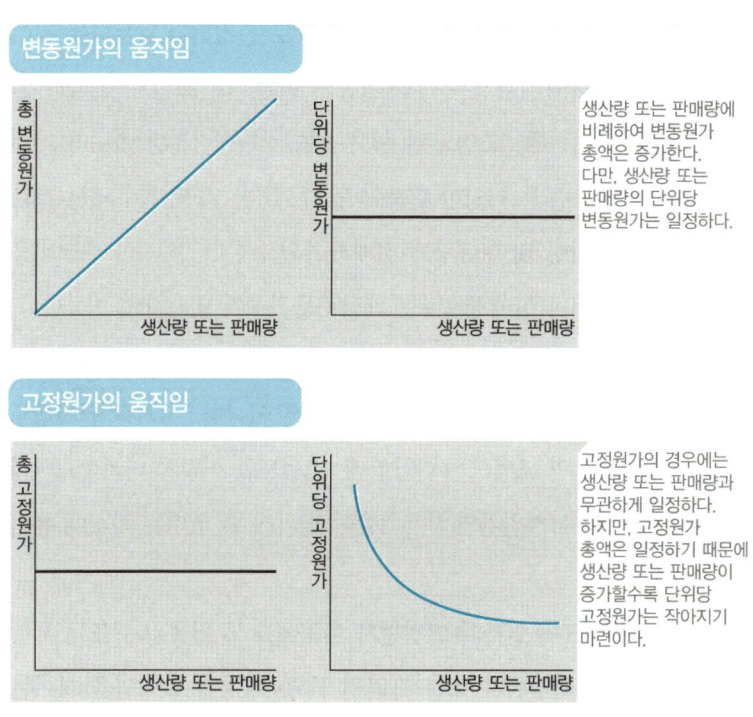

변동원가의 움직임

총 변동원가

단위당 변동원가

생산량 또는 판매량

생산량 또는 판매량

생산량 또는 판매량에 비례하여 변동원가 총액은 증가한다. 다만, 생산량 또는 판매량의 단위당 변동원가는 일정하다.

고정원가의 움직임

총 고정원가

단위당 고정원가

생산량 또는 판매량

생산량 또는 판매량

고정원가의 경우에는 생산량 또는 판매량과 무관하게 일정하다. 하지만, 고정원가 총액은 일정하기 때문에 생산량 또는 판매량이 증가할수록 단위당 고정원가는 작아지기 마련이다.

    '변동원가'와 '고정원가'의 구분이 중요한 이유는 미래 예상되는 원
가를 추정하거나 경영 계획을 수립할 때 유용하게 활용되기 때문이다.
예를 들어, 미래에 커피판매량을 늘리면 원두라는 재료원가와 같은 변

동원가는 증가하겠지만, 종업원급여나 임대료 등과 같은 고정원가는 그대로 유지된다는 사실을 알 수 있다. 따라서 커피판매량을 늘리기 위해 커피가격을 어떻게 가져갈지 등에 대한 의사결정 시에 원가의 예상 변동은 중요한 재무 정보로 활용될 수 있다는 의미이다.

다만, '변동원가'와 '고정원가'를 구분할 때 몇 가지 유의할 점이 있다.

첫 번째로는 **'변동원가'와 '고정원가'를 분류할 때 분류의 기준이 되는 대상, 즉 '조업도'는 생산량이나 판매량으로 한정되지 않는다는 것이다.** 엄밀히 말하자면, 원가는 기업 활동의 변화, 즉 '조업도'에 따라 일정한 움직임을 띠는데, '조업도'란 생산량 또는 판매량뿐만 아니라 기계작업시간, 배달건수 등 다양한 활동이 될 수 있다. 가령 '원두'라는 재료원가는 커피 생산량 및 판매량에 비례하여 변동한다. 하지만 배달비용은 커피 생산량이나 판매량보다는 배달주문건수에 비례하여 변동한다. 그리고 전력비 또한 전력 사용량에 비례하여 변동하는데 전력 사용량은 커피 생산량 또는 판매량과 정비례하는 것은 아니다. 이처럼 원가행태를 분류하는 기준인 조업도는 다양한데, 조업도를 어떻게 바라보느냐에 따라 변동원가와 고정원가의 분류기준이 달라질 수 있다는 사실에 유의하여야 한다.

두 번째로는 **변동원가와 고정원가 이외에도** '준변동원가 또는 혼합원가' 그리고 '준고정원가 또는 계단원가' 등 **다양한 움직임을 보이는 원가들이 존재한다**는 사실이다. 앞에서 이야기한 종업원 급여나 에스프레소 머신 등은 생산량 또는 판매량이 일정 수준 이내인 경우에는 일정하지만 생산량 또는 판매량이 일정 수준을 초과하는 경우에는 급격히 변하기도 한다.

가령 하루에 500잔의 커피를 만들기 위해서 바리스타가 한 명이 필요하다고 해보자. 이때 하루에 600잔의 커피를 생산해야 한다면 어떨까? 이럴 경우 하루에 1,000잔을 생산할 필요는 없지만 바리스타를 두 명 고용해야 하루의 수요를 소화할 수 있다. 이때 바리스타의 급여는 600잔을 만들었다고 해서 600잔에 해당되는 급여를 지급하는 것이 아니라 두 명분에 해당하는 1,000잔을 만들 수 있는 급여를 지급해야 한다. 이처럼 **일정 범위 내에서는 변동이 없다가 일정 범위를 벗어나면 급격히 증가하는 움직임을 보이는 원가를 '준고정원가 또는 계단원가'** 라고 부른다.

또한 우리가 지불하고 있는 전기료는 누진세이다. 누진세라는 의미는 일정수준까지는 고정원가 성격으로 지불하다가 **일정 수준을 초과하면 사용량에 따라 비례**하기도 하는데, 이러한 성격의 원가를 **'준변동원가 또한 혼합원가'**로 분류하기도 한다.

✦ **다양한 원가행태** ✦

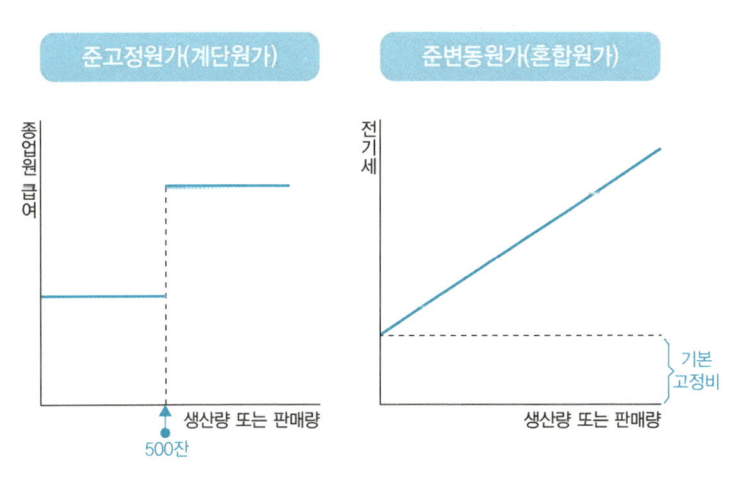

앞으로 계속 설명하겠지만, 사업이 망하지 않으려면 판매전략, 비용 전략 및 투자전략 등을 잘 수립해야 한다. 이때 생산량 또는 판매량 등에 따라 각각의 원가가 어떻게 변동되는지를 예측할 수 있어야 사업에서 망하지 않을 수 있는데, 즉 이익을 창출할 수 있는데, 이때 필요한 원가 개념이 '변동원가' 및 '고정원가'이다. 이론적으로는 무척 간단해 보이지만, 실무에서는 다양한 형태의 원가유형이 존재하기 때문에 이러한 원가 항목들이 각각의 사업계획에서 어떻게 변화하는지를 이해하는 것은 무척 중요하다.

지출 항목별
원가 행태 분류

원가 형태에 따른 분류에서 중요한 것은 조업도이다. 즉, 조업도의 변동에 따라 총원가가 어떻게 변하는지 여부를 기준으로 '변동원가' 및 '고정원가'로 분류한다. 카페 사례를 기준으로 지출 항목별 원가 행태를 살펴보자. 여기서는 조업도를 커피 또는 빵의 생산량 및 판매량으로 분류하였다.

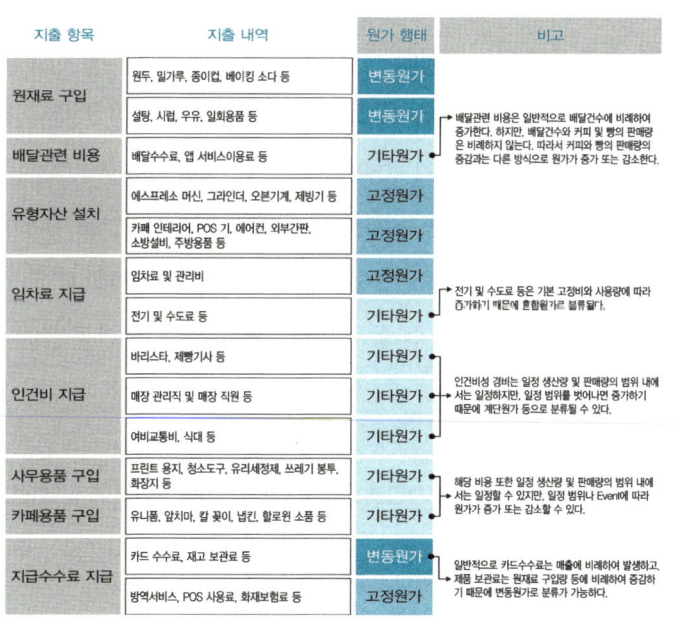

지출 항목	지출 내역	원가 행태	비고
원재료 구입	원두, 밀가루, 종이컵, 베이킹 소다 등	변동원가	
	설탕, 시럽, 우유, 일회용품 등	변동원가	배달관련 비용은 일반적으로 배달건수에 비례하여 증가한다. 하지만, 배달건수와 커피 및 빵의 판매량은 비례하지 않는다. 따라서 커피와 빵의 판매량의 증감과는 다른 방식으로 원가가 증가 또는 감소한다.
배달관련 비용	배달수수료, 앱 서비스이용료 등	기타원가	
유형자산 설치	에스프레소 머신, 그라인더, 오븐기계, 제빙기 등	고정원가	
	카페 인테리어, POS 기, 에어컨, 외부간판, 소방설비, 주방용품 등	고정원가	
임차료 지급	임차료 및 관리비	고정원가	전기 및 수도료 등은 기본 고정비와 사용량에 따라 증가하기 때문에 혼합원가로 분류된다.
	전기 및 수도료 등	기타원가	
인건비 지급	바리스타, 제빵기사 등	기타원가	인건비성 경비는 일정 생산량 및 판매량의 범위 내에서는 일정할 수 있지만, 일정 범위를 벗어나면 증가하기 때문에 계단원가 등으로 분류될 수 있다.
	매장 관리직 및 매장 직원 등	기타원가	
	여비교통비, 식대 등	기타원가	
사무용품 구입	프린트 용지, 청소도구, 유리세정제, 쓰레기 봉투, 화장지 등	기타원가	해당 비용 또한 일정 생산량 및 판매량의 범위 내에서는 일정할 수 있지만, 일정 범위나 Event에 따라 원가가 증가 또는 감소할 수 있다.
카페용품 구입	유니폼, 앞치마, 칼 꽂이, 냅킨, 할로윈 소품 등	기타원가	
지급수수료 지급	카드 수수료, 재고 보관료 등	변동원가	일반적으로 카드수수료는 매출에 비례하여 발생하고, 재고보관료는 원재료 구입량 등에 비례하여 증감하기 때문에 변동원가로 분류가 가능하다.
	방역서비스, POS 사용료, 화재보험료 등	고정원가	

원가 - 판매량 - 이익의 관계를 파악하는 것은 필수

CVP 분석

⚙ 사업에는 다양한 고민들이 발생한다?!

실제 장사나 사업을 하다 보면 다양한 고민이 생기기 마련이다. 사업을 계획했던 초기에는 의욕이 충만하겠지만, 한편으로는 내 사업이 성공할 수 있을까 하는 의문이 생기기도 한다. 그리고 사업을 하는 과정에서도 내가 하고 있는 사업이 정말 이익이 나고 있는지 아니면 손해가 나는 건 아닌지 궁금할 때가 종종 있다. 또한 경제 위기 등으로 사업이 휘청거릴 때나 더 큰 성장을 원할 때에 어떻게 하면 살아남을 수 있을지 혹은 이익을 더 높일 수 있는 방법은 없는지 등등…. 사업을 해 본 사람이라면 하루도 편하게 잘 수 있는 날이 없다는 사실에 다들 공감하게 된다.

✦ 사업을 준비하거나 실제 사업을 운영할 때 다양한 고민들이 발생한다 ✦

• 손해를 보지 않으려면 얼마나 팔아야 할까?
• 판매가격을 변경하면 이익은 어떻게 변할까?

- 한 달에 ×××만큼 벌었으면 좋겠는데, 그럼 얼마나 팔면 될까?
- 이익을 높이기 위해서 원가를 얼마나 그리고 어떻게 절감해야 할까?

이렇게 다양한 고민들이 존재하는 이유는 미래에 대한 불확실성 때문인데, 미래에 대한 불확실성을 해소하기 위해서는 다양한 시뮬레이션을 통한 사업전략을 수립할 필요가 있다. 그리고 사업의 손익을 정확하게 예측하는 것이 중요하다. 이때 유용하게 도움이 될 수 있는 회계적인 방법이 바로 '원가 – 조업도 – 이익'의 관계를 분석하는 CVP 분석(Cost Volume Profit analysis)이다. 이 중에 조금 낯선 용어인 '조업도'는 '(생산)판매량'이라고 보면 된다. 따라서 CVP 분석이란 제품의 원가(Cost), 생산판매량(Volume)과 이익(Profit)의 상관관계를 분석하는 기법이라고도 할 수 있다.

⚙ Cost - Volume - Profit analysis

일반적으로 이익은 매출에서 총원가, 즉 제조원가와 판매관리원가[3]를 차감하면 계산된다. 하지만 앞으로 논의할 CVP 분석을 위해서는 **총원가를** '제조'와 '판매관리'라는 기능보다는 **판매량에 따라 변동하는 변동원가와 판매량과는 상관없이 일정하게 발생하는 고정원가로 분류하여 생각하는** 연습이 필요하다. 다양한 경영환경에서 이익을 산출하기

---

3) 조금 더 정확하게 이야기하면 '영업외손익' 및 '법인세비용'도 포함되어야 하지만 관리회계 관점에서는 해당 비용도 판매관리원가에 포함된다고 간주하기도 한다.

위해서는 매출에서 변동제조원가와 변동판매관리원가를 포함한 변동원가를 차감하고 고정제조원가와 고정판매관리원가를 포함한 고정원가를 차감하는 방식으로 풀어나가는 것이 편리하기 때문이다. 또한 매출과 변동원가는 판매량에 비례하여 변동하기 때문에 단위당 판매가격과 단위당 변동원가를 기준으로 관리하는 것이 좋다.

✦ CVP 분석을 위한 기본 계산식 ✦

1) 기본 CVP 분석에서는 생산량과 판매량이 같다고 가정한다. 따라서 제조원가와 매출원가는 동일하다.

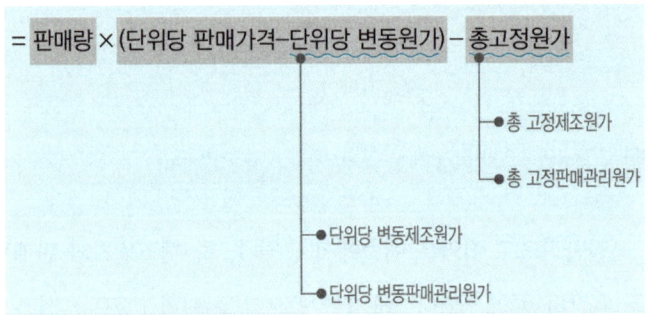

⇒ CVP 분석을 통해 '원가–판매량–이익' 간의 상관관계를 분석하기 위해서는 총원가를 '제조원가'와 '판매관리원가'로 분류하기보다 '변동원가'와 '고정원가'로 분류하는 연습이 중요하다.

CVP 분석을 위한 기본 계산식을 이해했다면 얼마나 벌어야 본전인지부터 확인해보자.

03

얼마나 벌어야
본전일까?

BEP 분석

⚙ 얼마나 팔아야 손실이 나지 않을까?

사업을 하면 제일 먼저 드는 생각 중에 하나가 바로 '본전'이다. '본전'이란 다른 말로 최소한 손실이 나지 않는 수준을 의미하는데, 이를 회계적인 용어로 풀어보면 **손익분기점**(BEP, Break-Even Point)**이라고도 한다.** 즉, 수익과 (총)원가가 같아 이익이 0이 되는 판매량 또는 매출액을 손익분기점이라고 한다.

✦ 손익분기점 계산식 ✦

| 매출 | = 제조원가 + 판매관리원가 |

→ 판매량×단위당 판매가격 = 총변동원가 (판매량×단위당 변동원가) + 총고정원가

예를 들어, 태윤이가 운영하는 카페에서 아메리카노 한 잔당 판매가격이 3,000원[4]이고 변동원가는 원두만 포함되며, 아메리카노 한 잔당 1,000원이 들어간다고 하자. 그리고 고정원가로는 월 임차료가 1,000,000원이 발생하고, 바리스타 인건비로 750,000원, 기타 고정원가로 150,000원이 발생한다고 해보자. 이때, 태윤이는 최소한 아메리카노를 몇 잔이나 팔아야 손실이 발생하지 않을까?

✦ 카페의 손익분기 판매량 ✦

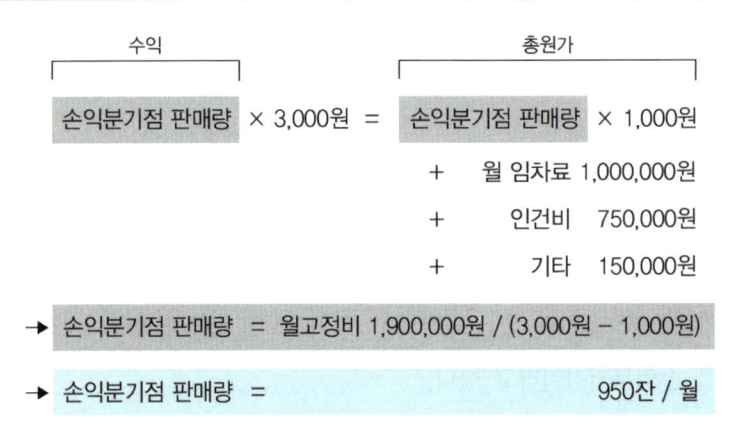

손익분기점 판매량이란 수익과 (총)원가가 동일해지는 판매량을 의미하는데, 아메리카노 한 잔당 3,000원의 수익이 발생한다. 또한 아메리카노 판매수량에 비례하여 한 잔당 1,000원의 변동원가가 발생하므로 아메리카 판매수량에 비례하여 한 잔당 2,000원의 순이익이 발생하

---

4) 소비자가 지불하는 아메리카노 한 잔 가격은 3,000원이 아니라 부가가치세를 포함한 3,300원이다. 하지만 앞선 이야기에서 부가가치세는 손익에 영향을 미치지 않는다고 하였다. 따라서 손익분석에 부가가치세를 포함해서는 안 된다.

게 된다. 다만 여기서 놓치지 말아야 할 원가가 바로 고정원가인데, 아메리카노를 한 잔도 못 팔지라도 매월 1,900,000원의 임차료, 인건비 등은 지속적으로 발생하게 된다.

따라서 매월 1,900,000원의 고정원가를 충당할 수 있는 수준의 최소 판매수량은 총 고정원가를 한 잔당 2,000원의 아메리카노 판매에 따른 순이익으로 나누어 구할 수 있는데, 계산해보면 950잔이 된다. 즉, 최소한 950잔의 아메리카노를 판매해야 2,850,000원의 매출이 발생하는데, 이를 통해 950,000원의 변동원가와 1,900,000원의 고정원가를 보전할 수 있다는 의미이다.

⚙ 제품 구성이 다양해도 활용 가능할까?

일반적으로 하나의 제품만을 판매하는 경우는 흔하지 않다. 카페만 보더라도 다양한 메뉴를 구성하는 것이 일반적인데, 이런 경우에는 어떻게 손익분기점을 계산할 수 있을까?

가령 태윤이네 카페에서 부가세를 제외한 한 잔당 판매가 3,000원의 아메리카노뿐 아니라 한 잔당 3,500원에 해당하는 카페라떼도 판매하고 있다고 하자. 그리고 변동원가인 원두는 동일하게 한 잔당 1,000원이 발생하며, 카페라떼의 경우 한 잔당 200원의 우유가 추가된다고 하자. 또한 앞서 사례처럼 매월 총 1,900,000원의 총고정원가가 발생한다고 할 때 손실을 보지 않으려면, 즉 손익분기점은 얼마여야 할까?

$$\text{아메리카노 판매량} \times 3{,}000원 + \text{카페라떼 판매량} \times 3{,}500원 \text{] 매출}$$

$$= \text{아메리카노 판매량} \times 1{,}000원 + \text{카페라떼 판매량} \times 1{,}200원 \text{] 변동원가}$$

$$+ \quad \text{월 임차료 } 1{,}000{,}000원$$
$$+ \quad \text{인건비 } 750{,}000원 \text{] 고정원가}$$
$$+ \quad \text{기타 } 150{,}000원 \text{] 총원가}$$

앞선 방식처럼 아메리카노와 카페라떼의 판매량을 각각 구하는 방식으로 손익분기점 판매량을 구할 수도 있지만, **판매하는 제품의 종류가 많아지면** 이 또한 만만치 않다. 이럴 때 활용할 수 있는 방법이 **변동원가율 또는 공헌이익률을 통한 손익분기점 매출액을 구하는 것이다.**

사례를 기준으로 아메리카노 판매량과 카페라떼의 판매량을 2 대 1로 예상한다면, 카페라떼 한 잔을 팔 때 아메리카노를 두 잔 팔게 되므로 매출은 각각 3,500원과 6,000원으로 총 9,500원의 매출이 발생하게 된다. 그리고 변동원가는 카페라떼가 1,200원이 발생하고 아메리카노는 두 잔이므로 2,000원이 발생하여 총 변동원가는 3,200원이 된다. 따라서 변동원가율은 3,200원을 9,500원으로 나눈 약 33.7%에 해당하게 되고, 총 고정원가인 1,900,000원을 '1-변동원가율[5]'로 나누어 계산하면 손익분기점 매출액은 2,850,000원이 된다. 이를 수량으로 환산하면 600잔의 아메리카노와 300잔의 카페라떼를 판매해야 한다.

---

5) '1-변동원가율'은 '공헌이익률'이라고도 한다.

손익분기점 매출액 × (1−변동원가율[1])   =

+   월 임차료   1,000,000원

+   인건비   750,000원

+   기타   150,000원

1) 변동원가율 = $\dfrac{(\text{아메리카노 판매가격 }3{,}000\text{원}\times2\text{잔}+\text{카페라떼 판매가격 }3{,}500\text{원})\times1\text{잔}}{(\text{아메리카노 변동원가 }1{,}000\text{원}\times2\text{잔}+\text{카페라떼 변동원가 }1{,}200\text{원}\times1\text{잔})}$ = 33.7%

→ 손익분기점 매출액 = 월 고정원가 1,900,000원 / (1−변동원가율)

→ 손익분기점 매출액 =   2,850,000원 / 월

변동원가율을 활용한 손익분기점 매출액은 제품군이 다양할 때 활용 가능하다. 한 가지 주의할 점은 앞서 가정한 것처럼 아메리카노와 카페라떼의 판매비중[6]을 2 대 1로 가정했는데, 여러 제품군에 대한 다양한 판매비중을 가정하여 여러 가지 시뮬레이션을 돌려보면 그 결과가 달라질 수 있다는 점이다.

6) 회계 실무상으로 제품믹스(Product Mix)라고도 한다.

회계고수를 위한
Tip

무한리필,
얼마나 팔아야 본전일까?

⚙ 무한리필에 임하는 우리의 자세

만약 판매량과 매출이 비례하지 않는 경우에는 어떻게 손익분기점을 확인할 수 있을까? '무한리필 전문점'이나 '뷔페 전문점'이 판매량과 매출이 비례하지 않는 예 중에 하나이다.

나름 식탐이 있는 필자는 '무한리필 전문점'이나 '뷔페 전문점'에서 약속이 잡히면 종종 마음가짐이 달라지곤 한다. 마음 속 깊이 '본전은 뽑아야겠다'는 생각에 아침부터 굶거나 어떤 음식이 제일 비싼지를 미리 검색해보기도 한다. (필자만 그런 건 아닐 거라고 감히 상상해본다) 그런데 한편으로는 도대체 원가가 얼마길래 이렇게 팔아도 장사가 되는지 궁금하기도 하다. **이런 경우에도 CVP 분석을 통해 어떻게 장사를 해야 하는지 힌트를 얻을 수 있다.**

만약 태윤 사장이 고기를 무제한으로 제공하는 무한리필 전문점을 열까 고민한다고 해보자. 그리고 무엇보다도 1인당 입장료를 얼마로 책정해야 할지가 제일 고민이다. 과연 태윤이는 1인당 입장료를 얼마로 책정하면 손해를 보지 않을까? 이를 위해서 태윤이는 먼저 재료비 등 원가항목별로 변동원가와 고정원가를 구분해야 한다. 그리고 손님들이 일반적으로 얼마만큼 먹을지에 대한 사전조사가 필요하다. 태윤 사장의 예상으로는 한 달에 대략 200명이 방문할 것 같다는 생각이 들었다. 그리고 평균적으로 손님들은 1인당 2.5인분을 먹는다고 시장조사를 하였다. 또한 고기 등 재료비의 원가는 1인분당 3천원이 발생하고, 월 고정비로는 대략 2,000,000원이 발생할 것 같다.

⚙️ 무한리필 전문점의 손익분기점은 어떻게 계산될까?

해당 정보를 기준으로 무한리필 전문점의 손익분기점을 달성하기 위한 입장료 수준을 계산해보자. 우선, 200명의 손님이 인당 2.5인분의 고기를 소비할 예정이고 1인분당 고기 값이 3,000원이라고 했으니, 총 500인분, 즉 1,500,000원의 총 변동원가가 발생한다. 그리고 총 고정원가는 월 2,000,000원이 발생하니 총원가는 3,500,000원이 된다. 총원가 3,500,000원을 월 예상 입장손님 200명으로 나누면 1인당 17,500원 이상을 받아야 손익분기점을 달성하게 된다. 따라서 태윤 사장은 최소한 1인당 17,500원의 입장료를 받아야 본전 이상을 벌 수 있다는 의미이다.

매출 = 총변동원가 (판매량×단위당 변동원가)

　　　　 + 총고정원가

→ 입장료/인×200명 = 1인×2.5인분 소비×200명×₩3,000 ··· 총 변동원가

　　　　 + ₩2,000,000 　　　　　　　··· 총 고정원가

손익분기점 입장료 = ₩17,500 / 인

　이와는 반대로 손님입장에서도 살펴볼 수 있다. 즉, 무한리필 전문점에서 얼마 이상을 먹어야 본전이 생각나지 않을지도 계산해보자. 앞선 사례에서 1인당 입장료가 15,000원이고 고기 1인분 당 3,000원이 든다고 해보자. 그리고 월 고정비 또한 2,000,000원이라고 한다. 마지막으로 한 달에 약 300명의 손님이 입장하는 것으로 보인다고 해보자.

　우선 한 달에 300명의 손님이 예상되고 인당 입장료가 15,000원이므로 총 매출은 4,500,000원이 예상되고 총 고정비는 2,000,000원이다. 따라서 총 매출에서 총 고정비를 뺀 2,500,000원에서 재료비 3,000원을 나누어 주면, 약 833인분의 재료비를 소진해야 '본전'이 된다. 그리고 833인분을 예상 방문 인원 300명으로 나누어 주면 1인당 약 2.8인분을 소비해야 '무한리필 전문점에서 본전 이상을 먹는 것으로 계산된다.

✦ 무한리필 전문점의 본전 이상 소비량 ✦

매출   =   총변동원가 (판매량×단위당 변동원가)

                    +   총고정원가

→ ₩15,000×300인   =   1인×Q인분 소비×300명×₩3,000 ··· 총 변동원가

                    +   ₩2,000,000   ··· 총 고정원가

손익분기점 소비 인분   =   1인당 최소 2.8인분

이처럼 CVP 분석은 다양한 사업 환경에서도 응용이 가능하다.

04

장사를 계속할 수 있는
최소 조건을 알고 싶다면…

공헌이익 분석

⚙ 이름부터 낯선 그 개념, '공헌이익'!?

앞선 사례에서 태윤이는 카페에서 아메리카노만 판매하고 있다고 해보자. 한편, 근처 회사에서 워크샵용으로 필요한 대량의 커피를 주문할 테니 가격할인을 요구했다고 해보자. 태윤이는 해당 주문을 받아도 될까? 그리고 주문을 받는다면 아메리카노의 가격을 얼마까지 할인해 줄 수 있을까?

사업과 관련된 의사결정 시에 '손익분기점'과 함께 기억해야 할 중요한 회계 개념 중 하나가 바로 '공헌이익(Contribution margin)'이다. 사전적 의미로 '공헌이익'이란 매출액에서 변동원가를 차감한 것을 의미하며, '단위당 공헌이익'이란 한 단위의 제품을 추가로 판매하는 경우에 추가되는 이익을 의미한다.

공헌이익

매출액 − 총변동원가 − 총고정원가 = 이익

매출액 − 총변동원가 = 총고정원가 + 이익

공헌이익 ▶ 고정원가를 회수하고 이익을 창출하는 데 얼마나 공헌하는지를 총액기준으로 나타내는 개념

단위당 공헌이익

판매량 × (단위당 판매가격−단위당 변동원가) − 총고정원가 = 이익

판매량 × (단위당 판매가격−단위당 변동원가) = 총고정원가 + 이익

단위당 공헌이익 ▶ 고정원가를 회수하고 이익을 창출하는데 얼마나 공헌하는지를 단위당 기준으로 나타내는 개념

단위당 공헌이익의 산식을 잘 살펴보면, 제품 등을 1단위 팔 때 고정원가를 회수하고 이익을 창출하는 데 얼마나 공헌하는지를 나타내는 개념이라는 사실을 알 수 있다. 즉, 태윤이네 카페에서 아메리카노는 한 잔당 판매가격이 3,000원이고 한 잔당 변동원가가 1,000원이라면, 단위당 공헌이익은 2,000원이 된다. 따라서 아메리카노 한 잔을 팔 때마다 총고정원가를 회수하고 이익을 창출하는 데 2,000원만큼 공헌한다고 볼 수 있다. 그리고 다양한 제품군을 기준으로는 '공헌이익률'이 활용되는데, **공헌이익률은 1에서 변동원가율을 차감하여 계산**된다.

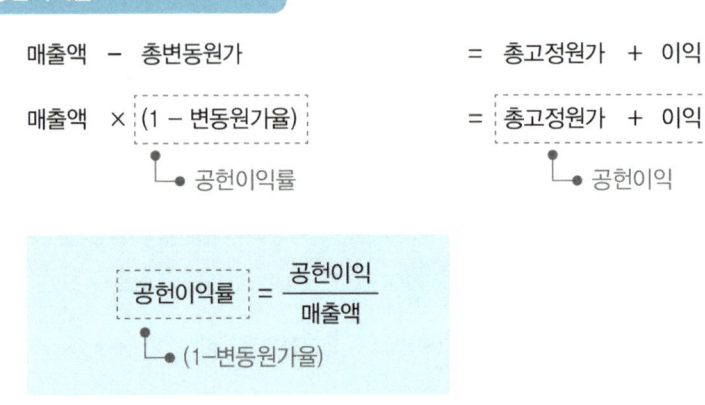

✦ 공헌이익률 ✦

공헌이익률

매출액 − 총변동원가 = 총고정원가 + 이익

매출액 × (1 − 변동원가율) = 총고정원가 + 이익

└─• 공헌이익률   └─• 공헌이익

공헌이익률 = 공헌이익 / 매출액

└─• (1−변동원가율)

⚙ 손익분기점을 넘으면 공헌이익만큼 번다?

다시, 사례로 넘어가보자.

단위당 공헌이익이 '0'이상이라면 해당 조건을 거부할 이유가 없다. 만약 태윤이가 이미 손익분기점 판매량인 950잔을 넘어서 팔고 있다면, 추가 판매가 발생할수록 단위당 공헌이익에 추가판매량에 해당하는 분만큼 순이익이 쌓이기 때문이다. 또한 태윤이가 손익분기점 판매량인 950잔을 넘기지 못했다고 해도 추가 판매가 발생할수록 판매량이 늘어날수록 총고정원가를 보전할 수 있다. 판매량 변화에 따른 공헌이익, 고정원가 및 총이익의 변화를 통해 그 효과를 살펴보자.

✦ 판매량 변화에 따른 공헌이익, 고정원가, 총이익의 변화 ✦

판매량	0잔	500잔	950잔	1,500잔	2,000잔
총 매출	₩0	₩1,500,000	₩2,850,000	₩4,500,000	₩6,000,000
총 변동원가	0	(500,000)	(950,000)	(1,500,000)	(2,000,000)
총 공헌이익	0	1,000,000	1,900,000	3,000,000	4,000,000
총 고정원가	(1,900,000)	(1,900,000)	(1,900,000)	(1,900,000)	(1,900,000)
총 이익(손실)	(1,900,000)	(900,000)	0	1,100,000	2,100,000

▶BEP를 달성한 이후부터는 총이익은
'(판매량−손익분기점 판매량)×단위당
공헌이익'만큼 증가한다. 즉, 1,500잔을
팔게 되면 (1,500잔−950잔)×2,000/잔
=1,100,000원으로 계산할 수 있다.

▶고정원가는 판매량과 무관하게 일정하게 발생한다.

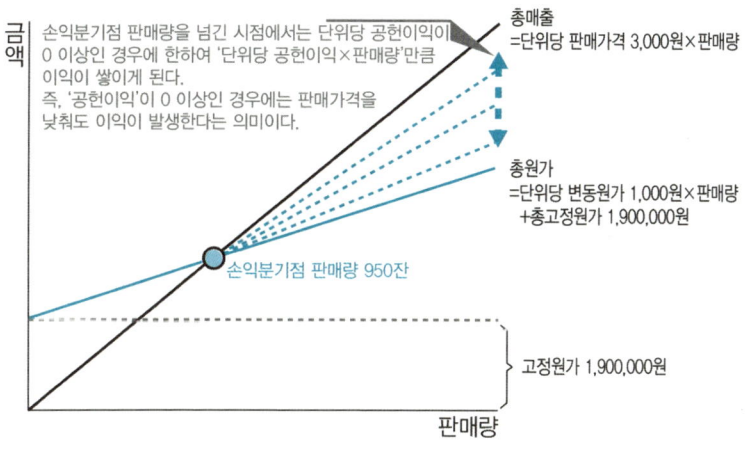

손익분기점 판매량을 넘긴 시점에서는 단위당 공헌이익이
0 이상인 경우에 한하여 '단위당 공헌이익×판매량'만큼
이익이 쌓이게 된다.
즉, '공헌이익'이 0 이상인 경우에는 판매가격을
낮춰도 이익이 발생한다는 의미이다.

금액

총매출
=단위당 판매가격 3,000원×판매량

총원가
=단위당 변동원가 1,000원×판매량
+총고정원가 1,900,000원

손익분기점 판매량 950잔

고정원가 1,900,000원

판매량

따라서 단위당 공헌이익이 '0' 이상인 한도 내에서는 가격을 조정하여 판매해도 순이익이 발생하므로 태윤이는 단위당 판매가격을 기존 3,000원에서 1,000원까지 인하할 수 있다는 의미이다. 물론 특별 주문에 따른 판매가격 인하가 추후 카페 운영에 영향을 미치지 않고 판매량 증가에 따른 인건비 등 추가적인 고정원가가 발생하지 않는지 여부를 별도로 고려할 필요는 있지만, '공헌이익'은 가격 변동의 의사결정 등에 다양하게 활용이 가능한 개념이므로 충분히 숙지할 필요가 있다.

얼마나 벌고 싶은지
알고 싶다면…

목표이익의 설정

☸ 사업의 목표는 이익을 내는 것이다!!!

　사업의 지상과제는 이익을 내는 데에 있다. 우리가 자세하게 손익구조를 공부하는 것도 어떻게 하면 이익을 낼 수 있는지를 효과적으로 활용하기 위해서라고 볼 수 있는데, 목표이익을 달성하기 위한 목표판매량 및 목표 매출액 등도 앞서 배운 손익분기점 및 공헌이익의 개념을 통해서 산출할 수 있다.

　즉, 고정원가와 목표이익을 단위당 공헌이익으로 나누면 그 결과는 목표판매량이 될 수 있으며, 고정원가와 목표이익을 공헌이익률로 나누면 목표 매출액도 산출할 수 있다.

$$목표\ 판매량 = \frac{총고정원가 + 목표이익}{(단위당\ 판매가격 - 단위당\ 변동원가)}$$

└─● 단위당 공헌이익

$$목표\ 매출액 = \frac{총고정원가 + 목표이익}{(1 - 변동원가율)}$$

└─● 공헌이익률

가령 아메리카노 한 잔당 부가세를 제외하고 한 잔에 3,000원에 판매하고 있다고 하자. 그리고 변동원가는 한 잔당 1,000원이고 임대료 등을 포함하여 한 달에 1,900,000원의 총고정원가가 발생한다고 하자. 이때 태윤 사장이 최소한 한 달에 3,000,000원의 이익이 목표라고 한다면 팔아야 할 최소한의 아메리카노는 몇 잔일지 확인해보자. 앞선 계산식으로 비추어, 1,900,000원의 고정원가와 3,000,000원의 목표이익을 단위당 공헌이익 2,000원으로 나누면 태윤 사장은 한 달에 2,450잔을 팔아야 목표이익을 달성할 수 있다.

✦ **3백만 원의 목표 이익 설정에 따른 목표 판매량** ✦

법인세를 고려하지 않은 경우

$$목표\ 판매량 = \frac{1,900,000 + 3,000,000}{(3,000 - 1,000)}$$

$$= 2,450잔$$

⚙ 앗, 법인세도 있었지?

하지만 현실적으로는 2,450잔을 판매해서는 3백만 원의 이익을 달성할 수 없다. 이익이 발생하면 세금도 발생하기 때문이다. **정확한 목표 이익을 달성하기 위해서는** 세금효과, 일반적으로 이야기하는 **법인세효과를 반영**해야 한다. 따라서 목표이익 달성을 위한 목표판매량을 구하기 위해서는 **고정원가에 목표이익을 '1 − 법인세율[7]'로 계산한 값을 더한 후에 단위당 공헌이익으로 나누어 계산**해야 한다.

---

[7] 실제 법인세율도 단일세율이 아니라 누진세율로 구성되어 있기 때문에 더 복잡하겠지만, 논의의 편의를 위해 단일세율로 구성되어 있다고 가정하였다.

목표 이익 = 목표 판매량 × (단위당 판매가격 - 단위당 변동원가) - 총고정원가 × (1 - 세율)

$$\text{→ 목표 판매량} = \frac{\text{총고정원가 + 목표이익 ÷ (1 - 세율)}}{\text{(단위당 판매가격 - 단위당 변동원가)}}$$

↳ 단위당 공헌이익

$$\text{목표 매출액} = \frac{\text{총고정원가 + 목표이익 ÷ (1 - 세율)}}{\text{(1 - 변동원가율)}}$$

↳ 공헌이익률

앞선 사례에서, 법인세율은 20% 단일 세율로 이루어져 있고, 기타 다른 세금[8]은 없다고 가정해보자. 만약 세금이 없다면, 1,900,000원의 고정원가와 3,000,000원의 목표이익을 단위당 공헌이익 2,000원으로 나누면 태윤 사장은 한 달에 2,450잔을 팔아야 목표이익을 달성할 수 있었다. 다만 발생한 이익의 20%는 법인세로 차감되어야 하기 때문에 법인세를 고려한 목표이익은 3,000,000원이 아니라 3,000,000 / (1 - 20%)인 3,750,000원이 된다. 따라서 1,900,000원의 고정원가와 3,750,000원의 세전 목표이익을 단위당 2,000원으로 나누어야 태윤 사장이 한 달에 판매해야 할 목표 판매량을 계산할 수 있고, 목표 판매량은 2,825잔이 된다.

---

[8] 부가가치세는 손익과 관련이 없는 세금이다. 이에 대해서는 'Part 1'에서 설명한 내용을 확인해보자.

✦ 태윤 사장의 목표 판매량 ✦

법인세를 고려하지 않은 경우

$$목표\ 판매량\ =\ \frac{1,900,000 + 3,000,000}{(3,000 - 1,000)}$$

$$=\ 2,450잔$$

법인세를 고려한 경우

$$목표\ 판매량\ =\ \frac{1,900,000 + 3,000,000 \div (1 - 20\%)}{(3,000 - 1,000)}$$

$$=\ 2,825잔$$

비용항목 중 하나인 법인세는 일반적인 변동원가로 분류하기는 어려운 점이 있다. **법인세는 생산량이나 판매량에 비례하는 것이 아니라 세전이익에 비례하여 변동되기 때문이다. 또한 세전이익 또는 세후이익이 '0'이면 법인세율과 상관없이 손익분기점 판매량은 동일하다.** 따라서 경영계획을 세우거나 민감도 분석 시에는 법인세에 대해서는 변동원가와 다른 방식으로의 접근이 필요하다.

✦ 법인세 효과에 따른 판매량 변화 ✦

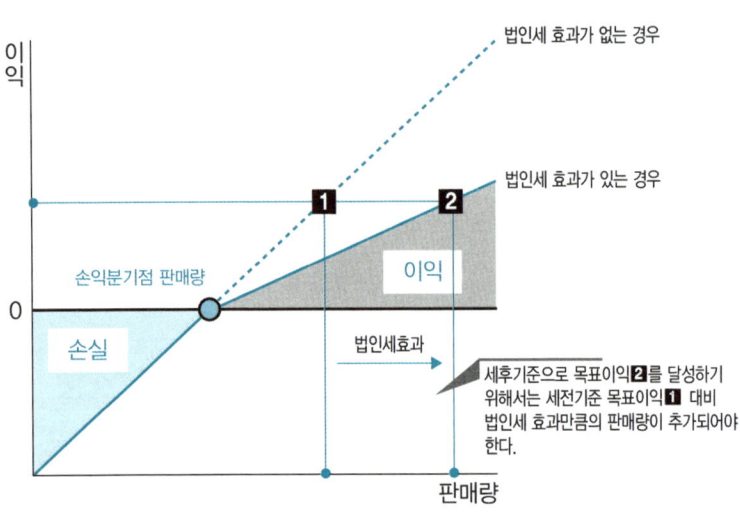

법인세 효과가 없는 경우

법인세 효과가 있는 경우

이익

손익분기점 판매량

이익

손실

법인세효과

세후기준으로 목표이익**2**를 달성하기 위해서는 세전기준 목표이익**1** 대비 법인세 효과만큼의 판매량이 추가되어야 한다.

판매량

재무회계의 손익계산서상 영업이익이 (+)이면 손익분기점을 넘는 걸까?

⚙ 재무회계상 손익계산서의 한계

손익분기점 및 공헌이익의 개념은 아무리 강조해도 지나치지 않는다. **다만, 재무회계에서 제시하고 있는 손익계산서를 통해서는 정확한 손익분기점 및 공헌이익을 계산할 수 없다.** 그 이유를 살펴보자.

앞서 제품 단위당 원가는 실제 제품 생산에 사용된 총액을 기준으로 총생산량으로 나누어 계산한다고 하였다. 이때 변동제조원가의 경우에는 생산량 증가에 비례하여 증가하기 때문에 단위당 변동원가는 그대로 유지된다. 하지만 총 고정제조원가의 경우에는 생산량과는 상관없이 일정하기 때문에 생산량이 증가할수록 제품단위당 고정제조원가는 감소하게 된다. 그리고 재무회계에서는 제품원가에 변동제조원가뿐만 아니라 고정제조원가도 포함하도록 하고 있기 때문에, 생산량이 많을수록 단위당 제품원가[9]는 낮아지게 된다.

예를 들어, 카페에서 3년 동안 사용할 목적으로 36,000,000원에

---

9) 이러한 문제를 해결하기 위해서 '정상원가계산' 및 '표준원가계산'제도를 도입하고 있지만, 재무회계상 손익계산서에서는 실제 생산을 위해 투입된 원가와 사전에 설정한 원가의 차이를 전부 손익계산서에 반영하도록 강제하고 있다. 따라서 재무회계상 손익계산서에는 생산량이 증가할수록 단위당 고정제조원가는 감소하는 것으로 표현된다.

해당하는 제빵 기계를 구입했다고 하자. 그리고 월별 손익계산서를 작성할 목적으로 매월 1,000,000원의 감가상각비를 계산한다고 했을 때, 베이커리를 많이 생산할수록 단위당 고정제조원가는 감소하게 된다. 즉, 한 달에 1,000개의 베이커리를 생산하는 경우에는 빵 한 개에 1,000원의 감가상각비가 배부된다. 하지만 조금 더 욕심을 내서 한 달에 10,000개의 빵을 생산한다면 빵 한 개에 100원의 감가상각비가 배부된다.

✦ 생산량 변화에 따른 제빵 기계의 단위당 감가상각비 배부 금액 ✦

• 제빵기구 관련 월 감가상각비가 1,000,000원이 발생한다고 했을 때,

생산량	1개	100개	1,000개	10,000개
월 감가상각비	1,000,000원	1,000,000원	1,000,000원	1,000,000원
제품 단위당 감가상각비	1,000,000원/개	10,000원/개	1,000원/개	100원/개

➡ 생산량이 증가할수록
월 감가상각비 총액은 그대로 유지되지만,
제품 단위당 감가상각비는 감소한다.

여기까지 이야기하면 일부 독자들은 재무회계에서 제공하고 있는 손익계산서에서 제조원가를 변동제조원가와 고정제조원가로 구분하면 되지 않겠냐고 하겠지만, 아쉽게도 재무회계에서는 변동제조원가와 고정제조원가를 구분해 볼 수 있는 '제조원가명세서'를 별도로 제공하지 않는다. 그리고 '제조원가'를 통해 생산된 제품 중에 판매로 발생하는 '매출원가'의 세부내역도 확인하기 어렵기 때문에 '변동제조원가'와 '고정제조원가'를 명확히 구분하기는 쉽지 않다.

✦ 제조원가명세서의 예 ✦

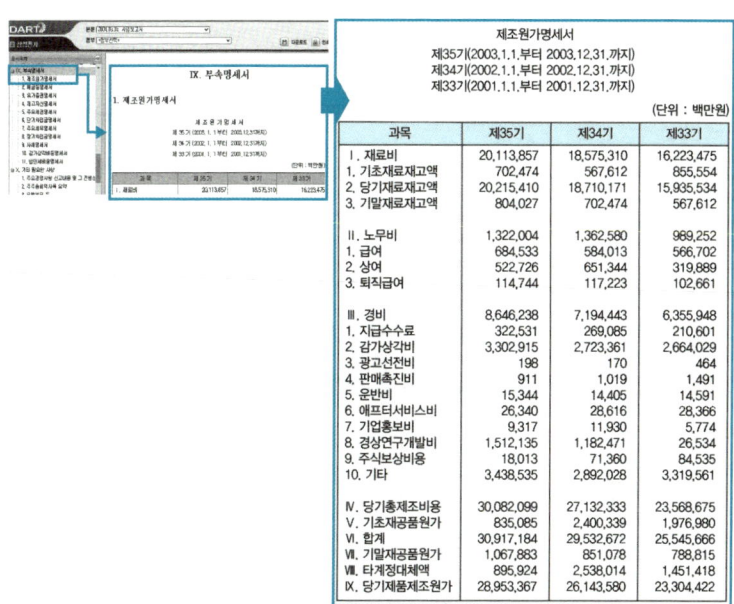

과목	제35기	제34기	제33기
제조원가명세서			
제35기(2003.1.1.부터 2003.12.31.까지)			
제34기(2002.1.1.부터 2002.12.31.까지)			
제33기(2001.1.1.부터 2001.12.31.까지)			
(단위 : 백만원)			
I. 재료비	20,113,857	18,575,310	16,223,475
1. 기초재료재고액	702,474	567,612	855,554
2. 당기재료재고액	20,215,410	18,710,171	15,935,534
3. 기말재료재고액	804,027	702,474	567,612
II. 노무비	1,322,004	1,362,580	969,252
1. 급여	684,533	584,013	566,702
2. 상여	522,726	651,344	319,889
3. 퇴직급여	114,744	117,223	102,661
III. 경비	8,646,238	7,194,443	6,355,948
1. 지급수수료	322,531	269,085	210,601
2. 감가상각비	3,302,915	2,723,361	2,664,029
3. 광고선전비	198	170	464
4. 판매촉진비	911	1,019	1,491
5. 운반비	15,344	14,405	14,591
6. 애프터서비스비	26,340	28,616	28,366
7. 기업홍보비	9,317	11,930	5,774
8. 경상연구개발비	1,512,135	1,182,471	26,534
9. 주식보상비용	18,013	71,360	84,535
10. 기타	3,438,535	2,892,028	3,319,561
IV. 당기총제조비용	30,082,099	27,132,333	23,568,675
V. 기초재공품원가	835,085	2,400,339	1,976,980
VI. 합계	30,917,184	29,532,672	25,545,666
VII. 기말재공품원가	1,067,883	851,078	788,815
VIII. 타계정대체액	895,924	2,538,014	1,451,418
IX. 당기제품제조원가	28,953,367	26,143,580	23,304,422

⇒ 과거 '사업보고서 등'을 살펴보면 '제조원가명세서'를 찾아볼 수 있다.
하지만, 요즈음에는 이러한 정보를 찾아보기 어려워 아쉬운 감이 있다.

🛞 관리회계만의 손익계산서, 공헌이익계산서

이러한 이유 때문에 재무회계에서 제시하고 있는 손익계산서로는
관리회계에서 중요하게 바라보는 손익분기점과 공헌이익을 한 눈에 살
펴보기는 어렵다. 따라서 관리회계만의 손익계산서를 별도로 작성, 즉
원가를 변동원가와 고정원가로 구분하여 표시할 필요가 있는데, 이를
'공헌이익계산서'라고 부른다.

빠른 이해를 위해 간단하게 사례로 손익계산서를 작성해보자. 태윤 사장은 앞에서 이야기한 것처럼 3년 사용목적으로 36,000,000원의 제빵기계를 구입하였고, 한 달에 1,000,000원의 감가상각비를 배부한다고 하자. 그리고 부가세를 제외하고 개당 3,000원으로 크루아상을 팔고 있는데, 이번 달에는 월초 재고는 없었으며 2,000개를 생산하여 1,500개를 팔았다고 해보자. 그리고 크루아상 1개당 1,000원의 변동재료원가가 발생하고 500원의 변동판매관리원가가 발생한다. 마지막으로 판매를 위한 종업원 급여가 월 800,000원이 발생하는데, 해당 비용의 성격은 고정판매관리원가라고 해보자. 이때 재무회계 기준의 손익계산서와 관리회계 기준의 공헌이익계산서[10]를 작성해보자.

우선, 재무회계상 손익계산서를 작성하기 위해서는 단위당 제품원가를 산정해야 한다. 제품원가는 생산량 기준으로 계산되지만, 매출액에 대응되는 매출원가에는 단위당 제품원가를 판매량으로 나눈 금액이 기록되기 때문이다. 따라서 단위당 변동제조원가 1,000원으로 1,500개가 팔렸으므로 매출원가에 포함되는 변동제조원가는 1,500,000원이 된다. 다만 총 고정제조원가는 1,000,000원이고 2,000개가 생산되었으므로 단위당 고정제조원가는 500원이고 1,500개가 판매되었으므로 매출원가로 기록되는 고정제조원가는 750,000원[11]이 되며, 매출총이익은 2,250,000원으로 계산된다. 그리고 변동판매관리원가는 750,000원이 발생하고 고정판매관리원가는 800,000원이 발생한다. 따라서 영업이익은 700,000원이 된다.

---

10) '변동손익계산서'라고 불리기도 한다.
11) 아직 판매되지 않은 500개의 크루아상에 배부되는 고정제조원가 250,000원은 매출원가가 아닌 월말 재고자산으로 기록된다. 재무회계상 손익계산서와 관리회계상 공헌이익계산서의 이익차이는 생산량과 판매량이 다를 경우에 발생한다.

이에 반하여 관리회계상 공헌이익계산서에는 매출액 및 변동제조원가와 변동판매관리원가는 각각 4,500,000원, 1,500,000원 및 750,000원으로 동일하다. 따라서 공헌이익은 2,250,000원으로 계산된다. 다만 공헌이익계산서는 재무회계상의 손익계산서와는 다르게 고정제조원가를 생산량이나 판매량과 관계없이 발생 총액 1,000,000원으로 기록한다. 그리고 고정판매관리원가는 800,000원이 발생하였으므로 영업이익은 450,000원으로 계산된다.

✦ 재무회계상 손익계산서와 공헌이익계산서 ✦

재무회계상 손익계산서		
매출		4,500,000
생산량		2,000/월
판매량		1,500/월
매출액	₩3,000/개	4,500,000
매출원가		(2,250,000)
1 변동제조원가	₩1,000/개	(1,500,000)
고정제조원가	1,000,000/월	(750,000)
매출총이익		2,250,000
판매관리원가		(1,550,000)
2 변동판매관리원가	₩500/개	(750,000)
고정판매관리원가	800,000/월	(800,000)
영업이익		700,000

공헌이익계산서		
매출		4,500,000
생산량		2,000/월
판매량		1,500/월
매출액	₩3,000/개	4,500,000
변동원가		(2,250,000)
변동제조원가	₩1,000/개	(1,500,000)
2 변동판매관리원가	500/월	(750,000)
공헌이익		2,250,000
판매관리원가		(1,800,000)
1 고정제조원가	1,000,000/월	(1,000,000)
고정판매관리원가	800,000/월	(800,000)
영업이익		450,000

1 재무회계에서는 2,000개 생산에 투입된 1,000,000원의 고정제조원가 중에 판매된 1,500개에 해당되는 750,000원만 '매출원가'로 표시되는 반면, 관리회계상 공헌이익계산서에는 생산 또는 판매량에 상관없이 발생한 1,000,000원이 전부 고정제조원가로 표시된다.

2 변동판매관리원가는 판매량에 비례하여 발생하기 때문에 재무회계상 손익계산서 금액과 관리회계상 공헌이익계산서 금액이 일치한다.

⇒ 재무회계에서는 매출원가 및 판매관리원가로 분류하여 표시하지만, 관리회계에서는 변동원가 및 고정원가로 분류하여 표시한다.

결국 재무회계상 손익계산서와 관리회계상 공헌이익계산서는 생산량과 판매량에 차이가 발생하는 경우에 고정제조원가를 어떻게 배부하느냐에 따라 차이가 발생한다.

✦ 원가의 흐름 ✦

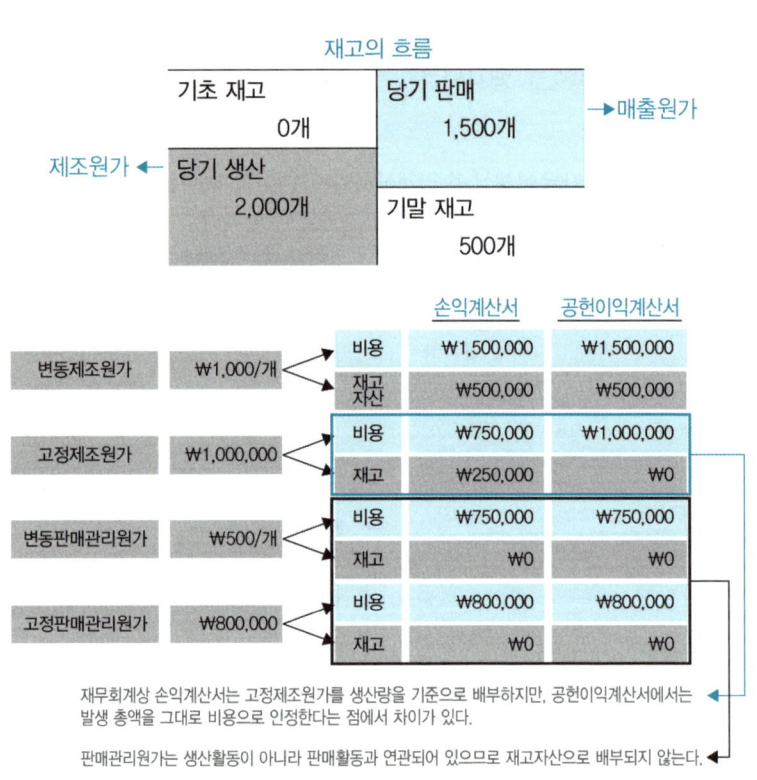

재고의 흐름

기초 재고	당기 판매	
0개	1,500개	→매출원가
당기 생산		
2,000개	기말 재고	
	500개	

제조원가 ← 당기 생산

			손익계산서	공헌이익계산서
변동제조원가	₩1,000/개	비용	₩1,500,000	₩1,500,000
		재고자산	₩500,000	₩500,000
고정제조원가	₩1,000,000	비용	₩750,000	₩1,000,000
		재고	₩250,000	₩0
변동판매관리원가	₩500/개	비용	₩750,000	₩750,000
		재고	₩0	₩0
고정판매관리원가	₩800,000	비용	₩800,000	₩800,000
		재고	₩0	₩0

재무회계상 손익계산서는 고정제조원가를 생산량을 기준으로 배부하지만, 공헌이익계산서에서는 발생 총액을 그대로 비용으로 인정한다는 점에서 차이가 있다.

판매관리원가는 생산활동이 아니라 판매활동과 연관되어 있으므로 재고자산으로 배부되지 않는다.

관리회계상 공헌이익계산서는 제품원가를 과소평가하는 경향이 있기 때문에 외부보고 목적으로는 허용되지 않는다. 그럼에도 불구하고 성과평가 등의 목적으로는 꽤 유용하기 때문에 내부관리 목적으로는 많은 기업에서 활용된다. 즉, 재무회계상 손익계산서를 성과평가로 활용하면 경영진에게 재고를 증가시키는 요인[12]을 야기시킬 수 있다. 생산량을 늘려 재고자산이 증가할수록 단위당 고정제조원가는 낮아지기 때문에 제품단위당 이익은 증가하게 된다. 하지만 관리회계상 공헌이익계산서를 활용하게 되면 생산량의 변동과는 무관하게 이익이 결정되기 때문에 불필요한 생산량을 늘리는 등의 부작용을 방지할 수 있다.

---

[12] 생산량이 판매량보다 많은 일반적인 경우를 가정한다.

돈이 쌓이는 회계

: 사업을 운영하는 사람들을 위한 세 번째 관리회계 도구

Part 3

제품원가를 확인할 때
알아야 할 것들

장사의 천재,
저팔계?

제품원가 계산이 중요한 이유

⚙ 왜 제품원가[1]가 중요할까?

어릴 적에 라디오에서 연속극으로 '서유기'를 방송한 적이 있었는데, 저팔계를 소개하는 장면이 아직도 기억에 생생하다. 연속극에서 저팔계는 정육점을 운영하고 있었는데, 똑똑한 체하며 자신에게 속아 소고기만을 사가는 소비자들을 비웃는 장면이 소개되었기 때문이다. 하지만 당시에 라디오를 들었던 청취자들은 오히려 저팔계를 바보라고 생각할 수밖에 없었다. 저팔계가 소고기를 근당 10,000원에 판매하고 돼지고기를 근당 20,000원에 판매하였는데, 바보가 아닌 소비자들이라면 소고기를 사는 게 당연했기 때문이다.

현실에서는 이러한 일이 발생하지 않을 것이라고 생각하는 독자가 있을 수도 있지만 제품원가를 제대로 계산하지 못한다면 사업하는 사람

---

1) 제품이란 기업 내부에서 판매를 목적으로 제조한 생산품을 의미하는 반면, 상품이란 기업이 정상적인 영업과정에서 판매를 목적으로 구입된 것을 의미한다. 따라서 제품원가는 말 그대로 제품을 생산할 때 발생하는 원가에 한정되지만, 편의상 제품 생산 또는 상품 구입에 발생하는 원가를 '제품원가'로 부르기로 하자.

들이 '저팔계'가 되는 것은 순식간이다. 제품원가를 제대로 이해하는 것이 중요한 이유가 여기에 있다. 장사나 사업을 하는 입장에서는 제품원가뿐만 아니라 판매관리원가를 포함한 총원가를 관리하는 것도 중요하지만 제품원가를 정확하게 관리하는 것이 필요한데, 그 이유를 교과서처럼 살펴보자.

우선 **제품원가는** 사업에 있어서 필수불가결한 원가이다. 서비스업이 아닌 이상, **제품이나 상품을 판매하는 경우에는 피할 수 없는 기본적인 원가**이기 때문이다. 매장 운영이 부담되면 온라인에서 제품이나 상품을 팔 수도 있고, 판매수수료가 부담되면 직접 마케팅을 통해 제품이나 상품을 팔 수 있기 때문에 영업방식에는 어느 정도 선택권이 존재한다. 하지만 팔아야 할 제품이나 상품이 있어야 사업을 시작할 수 있으며, 이때 정확한 제품원가를 아는 것은 필수적이다. 또한 제품원가보다 낮은 가격으로 제품이나 상품을 팔다가는 매출이 발생하는 즉시 손실이 발생한다는 사실도 잊지 말아야 한다.

두 번째로 **제품이나 상품의 원가 계산은** 기간비용인 판매관리원가보다 상당히 복잡하다. 판매관리원가의 대부분은 해당 회계기간에 발생하는 지출이 비용으로 기록되지만, **생산 또는 매입할 때 발생하는 제품원가는 새고라는 자산으로 기록되었다가 판매될 때에야 비로소 매출원가라는 비용으로 기록**되기 때문이다. 상품을 구입한 경우에는 상품이라는 재고자산으로 기록된다. 그리고 해낭 상품 중에 판매되는 경우에는 '매출원가'라는 비용으로 변환되지만, 팔리지 않고 남아 있는 상품은 '기말재고'라는 자산으로 기록된다. 그리고 상품 매입과 판매는 연속적으로 발생하기 때문에 당기에 판매된 '매출원가'에는 당기 매입한 상품뿐만이 아니라 직전 회계연도에 남아 있는 '전기 기말재고(=당기 기초재고)' 자산도 포함된다.

✦ '상품'의 원가 흐름 ✦

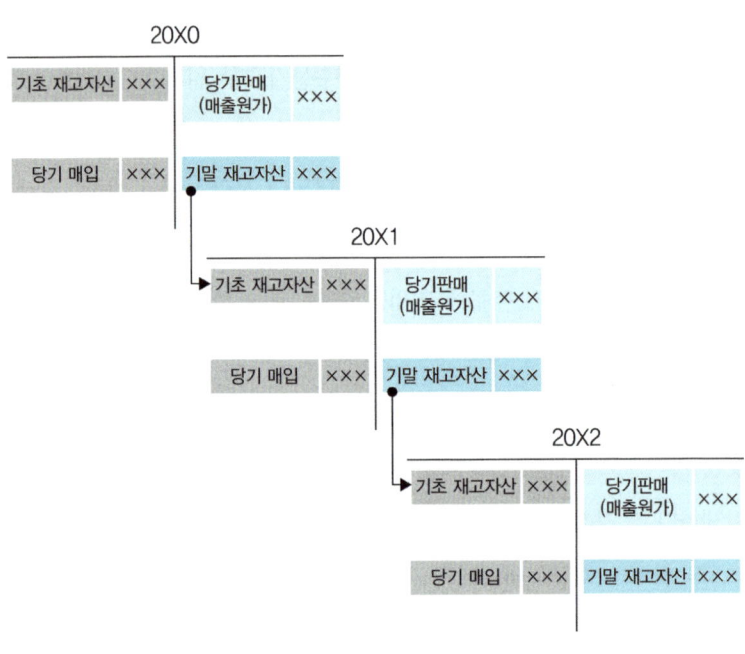

회사가 직접 제품을 생산하여 판매하는 제품원가는 이보다 더 복잡하다. 제품을 생산하기 위해서는 원재료를 매입해야 한다. 그리고 제품 생산을 위해서 원재료는 기초원재료와 당기 매입한 원재료가 제품 생산에 투입되고 사용하지 않고 남은 기말원재료는 재고자산으로 남게 된다. 그리고 제품을 생산하기 위해서는 원재료뿐만 아니라 노무원가와 제조간접원가도 투입된다. 그런데 제조 공정이 다양한 경우에는 원재

료, 노무원가와 제조간접원가를 투입했다고 바로 제품이 생산되는 것이 아니라 재공품 또는 반제품[2]이라는 중간단계를 거치게 된다. 그리고 재공품 또는 반제품 단계에서 추가 가공, 즉 노무원가와 제조간접원가가 추가되어 제품으로 완성되며, 상품과 마찬가지로 제품은 기초 제품과 당기 생산된 제품 중에 판매되는 경우에는 '매출원가'로 비용으로 기록되고 판매되지 않고 남는 경우에는 '기말제품'이라는 자산으로 기록하게 된다. 그리고 **원재료의 투입원가, 노무원가와 제조간접원가의 총발생원가는 '당기총제조원가'**라고 하며, **당기 생산된 제품의 총원가를 '당기제품제조원가'**라고 부른다.

✦ '제품'의 원가흐름 ✦

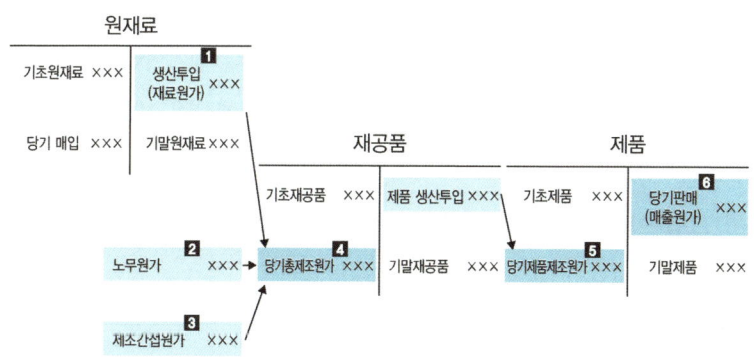

- 당기총제조원가**4** = 재료원가**1** + 노무원가**2** + 제조간접원가**3**
- 당기제품제조원가**5** = 기초재공품원가 + 당기총제조원가 − 기말재공품원가
- 매출원가**6** = 기초제품원가 + 당기제품제조원가 − 기말제품원가

---

2) 반제품과 재공품은 제품이 완성되기 위해서는 추가가공 공정이 필요하다는 점에서는 유사하다. 다만, 반제품은 자가제조한 중간제품과 부분품 등을 의미하며, 그 상태에서 판매가 가능하다는 특징이 있다. 반면에 재공품은 제품의 제조를 위하여 제조과정에 있는 제품으로, 그 상태에서는 판매가 어렵다는 특징이 있다.

이처럼 상품이나 제품과 관련된 제조원가는 기간비용인 판매관리원가에 비해 복잡한 흐름이 발생하기 때문에 정확한 제품원가를 산출하기가 만만치가 않다.

마지막으로, 장사나 사업을 할 때 하나의 제품만을 생산하지 않는다. 적게는 수십 가지 많게는 수천 가지가 넘는 제품을 동시에 생산하기도 한다. 문제는 이때 발생하는 원가 중에 개별 제품에만 사용되는 원가도 있지만 공통으로 사용되는 원가도 발생한다는 것이다. 그리고 공통으로 사용되는 원가를 개별 제품별로 추적할 수 없는 경우가 존재하는데 이 때문에 발생하는 이슈가 공통원가의 배부이다. **공통원가[3]의 배부는** 정답이 있는 것이 아니라 **다양한 배부방법 중에 가능한 합리적으로 원가가 제품에 귀속될 수 있도록 배부방법을 선택하여 적용**해야 하는 문제가 있다. 이러한 이유 때문에 실제 제품원가를 계산하는 것이 생각보다 만만치 않아 많은 회계 서적에서 '제품원가 계산'을 별도의 주제로 상세히 다루기도 한다.

그럼 이제 제품원가 계산을 위한 원가의 분류방식을 살펴보고 난 후에, 본격적으로 제품원가를 계산해보자.

---

3) '공통원가'는 '간접원가'라고도 하며, '공통원가'의 배부 방법은 뒤에서 자세히 설명할 예정이다.

원가 분류에도
'전통'은 있다.

제품원가 계산을 위한 원가 분류

⚙ 전통적인 원가 분류 - 직접재료비, 직접노무비, 제조경비

제품원가 계산을 위한 원가 분류는 원가 3요소로 표현되는데, **전통적인 관점에서는 원가의 3요소를 '재료비', '노무비', '제조경비'**[4]라고 한다.

✦ 제조원가의 종류 ✦

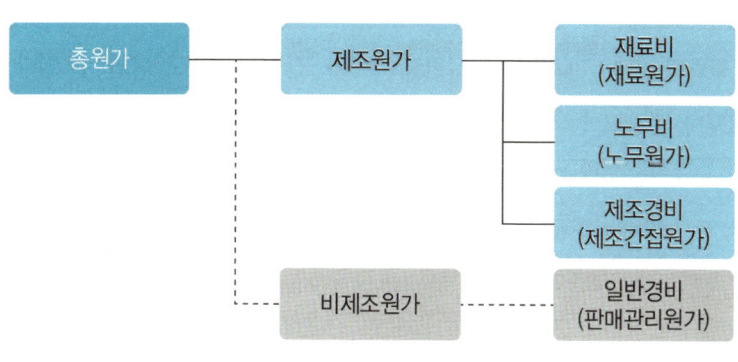

---

4) 정확한 의미에서는 '재료원가', '노무원가' 및 '제조간접원가'로 표현하는 것이 맞지만, 통상 '재료비', '노무비' 및 '제조경비'로도 불리므로 혼용해서 사용하기로 하겠다.

다만, 기업에서는 다양한 제품을 생산하기 위해서는 다양한 원가가 투입되는데 종종 제품원가를 잘못 계산하는 경우가 발생하기도 한다. 그리고 이러한 위험을 방지, 즉 정확한 제품원가를 계산하기 위해서는 전통적인 원가의 3요소를 '직접원가'와 '간접원가'에 따라 분류할 필요가 있다.

'직접원가'란 '개별원가'라고도 하며, 원가대상(Cost Object[5])별로 분리 또는 추적이 가능한 원가를 의미한다. 장사나 사업을 하는 데 가장 중요한 것이 '제품'이기 때문에, 대부분 제품이 원가대상이 된다. 그리고 원가대상이 제품이기 때문에 장사나 사업을 하는 데에 있어서 '제품별원가계산'은 필수절차가 된다. 이에 반하여 '간접원가'란 '공통원가'라고도 하며, 원가대상(Cost Object)별로 분리 또는 추적이 불가능한[6] 원가를 의미하는데, 원가 계산이 복잡한 이유 중 하나는 공통원가는 원가대상에 직접 부과할 수 없어 여러 가지 방법으로 배부[7]해야 하기 때문이다.

제품원가를 계산하기 위해서 먼저 고려할 원가 요소 중 하나가 바로 '재료비'인데, '재료비'는 '직접재료비'와 '간접재료비'로 나뉠 수 있다. TV나 냉장고 등의 가전제품을 만드는 회사에서 보조재료로 사용하는

---

5) 원가대상(Cost Object)이란 원가를 계산하기 위한 대상을 의미하며, 일반적으로 제품이 이에 해당된다. 하지만 실제 제품뿐만 아니라 프로젝트 및 활동 등도 원가대상이 될 수 있다. 사례로 카페에서 판매하는 커피가 원가대상이라고 볼 수 있는데, 만일 배달원가나 수수료비용 등을 집계하여 관리하고 싶다면 이 또한 원가대상이 될 수 있다.

6) 정확히 이야기하면 '불가능하다'라고 표현하기보다는 '어렵다'라고 표현하는 것이 맞겠다. 모든 원가는 '직접원가'로 분류할 수 있기 때문이다. 다만 '직접원가'로 분류하기 위해서는 일정한 노력이 필요한데, 노력에 비해 혜택이 적다면 '간접원가'로 처리하는 것이 효율적일 수도 있다.

7) "회계고수를 위한 Tip. 회식비를 어떻게 나누면 좋을까?"에서 공통비를 배부하는 자세한 방법을 확인해보자.

'나사'나 '페인트' 등은 가전제품에 공통으로 사용되고 단위당 원가가 미미하기 때문에 '간접재료비'로 분류되곤 한다. 두 번째 요소가 바로 '노무원가'인데, TV나 냉장고의 생산라인에 각각 투입되는 근로자의 급여 등은 '직접노무비'로 분류될 수 있지만, 구매부서, 설계부서 또는 생산감독관의 급여는 TV나 냉장고 등에 공통으로 기여하기 때문에 '간접노무비'로 분류된다. 마지막 요소로는 '제조경비'가 있는데, TV나 냉장고 등 해당 제품에만 사용되는 전용설비나 외주가공비 등은 '직접제조경비'로 분류될 수 있지만, 공통적으로 사용되는 설비 등은 '간접제조경비'로 분류된다.

다만, '제조경비'는 일반적으로 '직접제조경비'보다 '간접제조경비'의 비중이 훨씬 크기 때문에 '제조경비'를 직간접 제조경비로 분류하지 않기도 한다. 따라서 **원가의 3요소는 '직접재료원가', '직접노무원가' 및 '제조간접원가'로 분류**되는데, **'제조간접원가'에는 '간접재료비', '간접노무비' 및 '제조경비'가 포함**된다. 참고로, '직접재료원가'와 '직접노무원가'를 '기초원가'라고 부르기도 하며, '직접노무원가'와 '제조간접원가'를 '전환원가[8]' 또는 '가공비'라고 부르기도 한다.

---

8) '전환원가'란 원재료를 제품으로 전환하기 위해 발생하는 원가라는 의미이다.

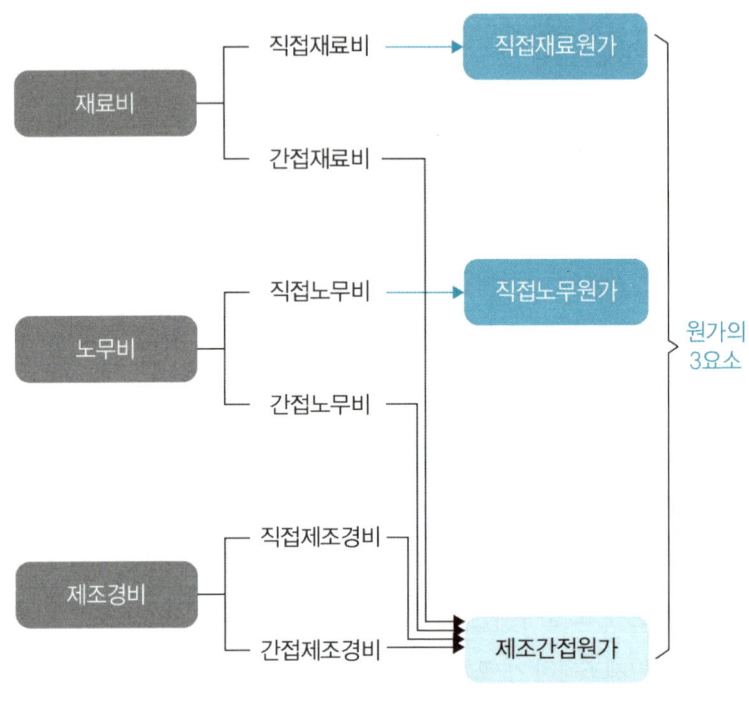

다만, '원가의 3요소'는 앞서 이야기한 전통적인 분류기준에 따라
제품원가를 계산하기 위한 것임에 잊지 말자. 앞서 이야기한 것처럼
사업이나 장사를 위한 **손익을 정확하게 분석하기 위해서는 판매관리원
가를 포함한 총원가를** 고려하여야 한다.

지출 항목별 원가의 전통적 분류

    카페를 운영하면서 발생하는 비용을 원가의 3요소라는 분류 방식에 따라 분류해보자. 다만 원가의 3요소에 따라 분류할 경우, 실제 제조원가에 포함되지 않는 다양한 기간원가인 '판매관리원가'도 있다는 사실을 잊지 말아야 한다.

✦ 원가의 3요소에 따른 분류 ✦

지출 항목	지출 내역	원가의 3요소	비고
원재료 구입	원두, 밀가루, 종이컵, 베이킹 소다 등	직접재료원가	
	설탕, 시럽, 우유, 일회용품 등	제조간접원가	'판매관리원가'는 원가 3요소에는 포함되지 않지만, 정확한 사업손익을 관리하기 위해서는 '판매관리원가'를 포함한 총원가 관점에서 손익을 관리하여야 한다.
배달관련 비용	배달수수료, 앱 서비스이용료 등	판매관리원가	
유형자산 설치	에스프레소 머신, 그라인더, 오븐기계, 제빙기 등	제조간접원가	
	카페 인테리어, POS 기, 에어컨, 외부간판, 소방설비, 주방용품 등	판매관리원가	
임차료 지급	임차료 및 관리비	판매관리원가	
	전기 및 수도료 등	판매관리원가	
인건비 지급	바리스타, 제빵기사 등	직접노무원가	
	매장 관리직 및 매장 직원 등	판매관리원가	
	여비교통비, 식대 등	직접노무원가 또는 판매관리원가	여비교통비, 식대 등을 바리스타 / 제빵기사가 지출했으나 또는 매장 관리직 / 매장 직원 등이 지출했느냐를 하나씩 따지면 '직접노무원가'와 '판매관리원가'로 세분화할 수 있다. 하지만, 비용 대비 효익 관점에서 세분화하여 관리할지 말지에 대한 판단이 필요하다.
사무용품 구입	프린트 용지, 청소도구, 유리세정제, 쓰레기 봉투, 화장지 등	판매관리원가	
카페용품 구입	유니폼, 앞치마, 칼 꽂이, 냅킨, 할로윈 소품 등	제조간접원가	
지급수수료 지급	카드 수수료, 재고 보관료 등	판매관리원가	
	방역서비스, POS 사용료, 화재보험료 등	판매관리원가	

03

제품원가를
한 번 계산해보자.

한 가지 제품만 생산한다고 가정하는 경우

⚙ 한 가지 제품만 생산해도 고민할 게 많다!

일상생활에서 접하는 소비재의 판매가격이 쉽게 변하지 않기 때문에 피부에 와 닿지는 않을 수도 있지만, **제품원가는 끊임없이 변화한다.** 카페에서 판매하는 커피의 주원료인 원두가격만 해도 일 년에도 몇 번씩 오르고 내리기를 반복하기 때문에, 그때마다 판매업자들은 커피가격을 바꿔야 하나 고민하지만 판매가격의 변경은 **소비자들에게 무척 민감한 사항으로 실제 판매가격의 변동까지 가기는 쉽지 않다.** 따라서 소비자 입자에서 본다면 커피의 제조원가도 일정할 거라고 오해하기 쉽다.

🟠 연합뉴스

커피 값 오르나…"원두 수급 차질 우려"

송고시간 | 2021-03-24 11:36

(서울=연합뉴스) 김계환 기자 = 커피 원두 재고 감소로 미국 내 커피 도매가격 오름세가 나타나는 가운데 운송컨테이너 부족 등으로 수급 차질이 한층 더 심각해질 수 있다는 우려가 제기되고 있다.

23일(현지시간) 블룸버그통신 보도에 따르면 지난달 미국 내 원두 재고는 작년 동기보다 8.3% 감소해 2015년 이후 최저 수준을 기록했다.

뉴욕상업거래소(NYMEX)에서 거래되는 아라비카 커피 선물 가격도 지난해 10월 말 이후 24%나 뛰었다.

시장 관계자들은 신종 코로나바이러스 감염증(코로나19)으로 타격받은 카페들이 아직은 커피 값을 올리지 않고 있지만 앞으로 수요가 회복세를 보이면 커피 부족 현상이 더욱 악화해 가격 인상으로 이어질 가능성이 있다고 내다봤다.

> 커피의 주 원료인 '원두' 가격을 보면 다양한 이유로 일년에도 몇 번씩 가격이 심하게 변동한다. 하지만, 실제 커피의 판매가격은 일년에 한 번 바꾸는 것도 쉽지 않다.

朝鮮日報

윤희훈 기자
입력 2020.12.02 06:00

세계 1위 커피 생산지 브라질, 가뭄으로 커피 생산량 크게 줄어
글로벌 커피 바이어, 커피 선물 가격 22% 인상 전망
원두 선물 가격 인상으로 국내 커피 가격 인상 가능성 제기돼

글로벌 곡물시장에서 커피 원두 가격이 요동치고 있다. 세계 최대 커피 생산지인 브라질의 가뭄 현상으로 커피 원두 생산량이 급감할 것이라는 관측에서다.

블룸버그는 1일(현지시각) 브라질의 최대 규모 커피 생산 협동조합인 쿡수페(Cooxupe)를 인용해 11월 출하한 아라비카 원두 가격이 기록적인 수준에 이르렀다고 보도했다. 보도에 따르면 커피 바이어들은 커피 1파운드 선물 가격이 현재 1.23달러 수준에서 1.4~1.5달러로 22%가량 인상될 것으로 전망하고 있다.

커피 2위 산지인 베트남도 폭우 피해로 커피 작황이 좋지 못한 상황이다. 공급 불안 요소가 커지는 데다 내년도 코로나바이러스 감염증(코로나19) 회복 이후 소비가 되살아나면 커피 수요가 늘어날 것이라는 기대감이 더해지면서 커피 원두 가격은 더욱 올라갈 것으로 보인다.

또한 커피를 만들기 위해서는 커피원두, 물, 바리스타의 인건비, 일회용 컵, 에스프레소 머신[9] 등 다양한 제조원가 항목이 발생한다. 그리고 언제 구매했는지에 따라 원두 가격도 다르고, 바리스타의 인건비 또한 급여인상 등으로 변동하게 되며 일회용 컵 등의 단가도 일정하지

---

9) 에스프레소머신과 같은 유형자산은 다년간 사용하는 것이 일반적이다. 따라서 에스프레소 머신의 구입비용은 사용기간으로 나누어 비용화하는데, 이를 '감가상각비'라고 한다.

않을 수도 있다. 그리고 카페라떼, 캐러멜 마끼야또 및 버블티 등 제품 유형이 다양할수록 포함되는 **제조원가 항목 또한 다양**해진다.

✦ 한 잔에 3.3천원에 판매하는 커피에 포함되어 있는 다양한 (제조)원가항목 ✦

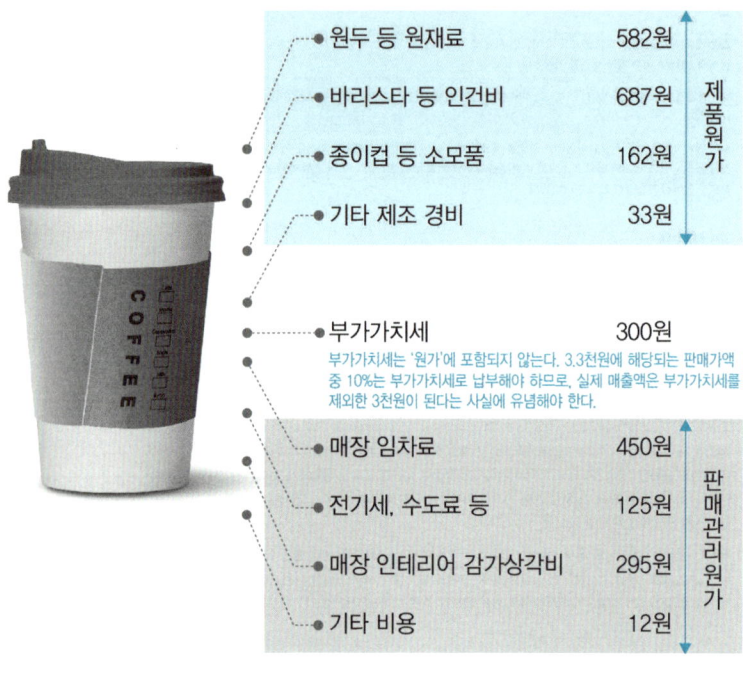

원두 등 원재료	582원
바리스타 등 인건비	687원
종이컵 등 소모품	162원
기타 제조 경비	33원

제품원가

부가가치세   300원

부가가치세는 '원가'에 포함되지 않는다. 3.3천원에 해당되는 판매가액 중 10%는 부가가치세로 납부해야 하므로, 실제 매출액은 부가가치세를 제외한 3천원이 된다는 사실에 유념해야 한다.

매장 임차료	450원
전기세, 수도료 등	125원
매장 인테리어 감가상각비	295원
기타 비용	12원

판매관리원가

간단한 사례를 위해 태윤이가 운영하는 카페에서 '아메리카노' 한 제품만을 판매한다고 가정하고, 원두가격 이외에는 다른 제조원가 항목들은 변화가 없다고 가정하여 제품원가를 계산해보자.

카페를 운영하고 있는 태윤 사장은 4월 말에 10,000g을 100,000 원에 구입했다고 해보자. 그리고 5월 초에 추가로 10,000g을 400,000 원에 구입했다고 해보자. 그리고 커피 한 잔에 10g이 소비되는데, 5월

한 달 동안 한 잔에 3,000원[10]을 판매가격으로 설정하고 총 1,500잔을 판매했다고 해보자. 그리고 바리스타에게 들어가는 인건비는 5월 한 달 동안 750,000원이라고 해보자. 그리고 사례를 간단하게 하기 위해서 그 외 비용은 발생하지 않는다고 가정해 보자. 이때 5월에 '아메리카노'를 생산 및 판매하기 위해 발생한 총제조원가와 커피 한 잔당 제품원가가 얼마인지 계산해보자.

✦ 커피[11]의 재고 흐름 ✦

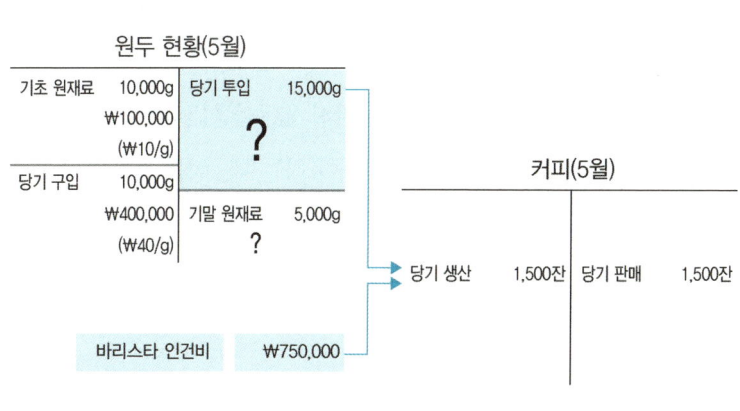

⚙ 제품원가 계산에도 가정이 필요하[다]?

자, 이런 경우에 독자 여러분들이라면 어떻게 커피원가를 계산할 수 있을까? 제일 먼저 궁금한 부분은 태윤이가 운영하는 카페에서 커피 한 잔을 주문할 때 사용하는 원두가 4월 말에 구입한 원두인지 아니면 5월 초에 구입한 원두인지 여부이다. 언제 구입한 원두를 사용했는지에 따라 커피원가가 달라지기 때문이다. 언뜻 보면, 원두를 구입한 날짜대로 구분하여 관리하고 실제 커피를 판매할 때 하나하나 사용내역을 기록하면 되지 않느냐고 반문할 수도 있겠지만, 한가한 카페가 아니라 매일 매일이 바쁜 카페이거나 대량으로 커피를 만들어내는 공장이라고 한다면 이 또한 쉬운 일이 아니다. 따라서 **원두를 어떻게 사용하는지에 대한 가정을 세우고 제품원가를 계산해야** 하는 데, 이를 **제품의 원가결정 방법**이라고 한다. 그리고 제품의 원가결정방법은 일반적으로 선입선출법, 후입선출법 및 평균법이 사용된다.

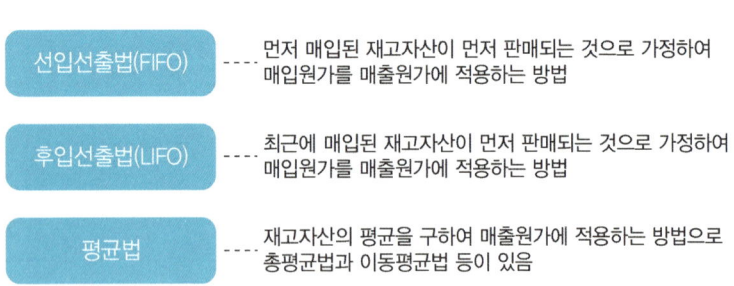

✦ 제품의 원가결정 방법 ✦

선입선출법(FIFO)	---- 먼저 매입된 재고자산이 먼저 판매되는 것으로 가정하여 매입원가를 매출원가에 적용하는 방법
후입선출법(LIFO)	---- 최근에 매입된 재고자산이 먼저 판매되는 것으로 가정하여 매입원가를 매출원가에 적용하는 방법
평균법	---- 재고자산의 평균을 구하여 매출원가에 적용하는 방법으로 총평균법과 이동평균법 등이 있음

⚙ 먼저 샀으니 먼저 써야지 - 선입선출법

가장 쉽게 생각할 수 있는 방법이 **먼저 구입한 재료를 먼저 사용했다고 가정**하는 방법인데, 이러한 제품의 원가결정방법을 **선입선출법** (First In First Out)이라고 한다. 4월 말과 5월 초에 태윤 사장은 각각 10,000g의 원두를 구입하여 총 20,000g의 원두를 보유하고 있었는데, 1,500잔의 커피를 만들기 위해서, 즉 15,000g의 원두를 사용하였고 5,000g의 원두가 5월 말에 남아있게 된다. 15,000g의 원두를 사용할 때 선입선출법에 따르면 4월 말에 100,000원에 구입한 10,000g의 원두를 먼저 사용하고 5,000g은 5월 초에 400,000원에 구입한 10,000g 중 200,000원에 해당하는 5,000g을 사용했을 거라고 가정한다는 의미이다. 그리고 선입선출법에 따르면 5월 말에는 200,000원에 해당하는 5,000g의 원두가 남게 된다.

따라서 커피 1,500잔을 만들기 위해 4월 말에 구입한 g당 10원에 해당하는 원두 10,000g과 g당 40원에 해당하는 원두 5,000g을 사용하였고, 바리스타에게 지급한 인건비가 750,000원이므로, 커피 생산을 위해 총 1,050,000원의 제조원가가 발생하였다. 그리고 1,500잔의 커피를 생산 및 판매하였기 때문에 한 잔에 700원의 제조원가가 발생한 걸 알 수 있다.

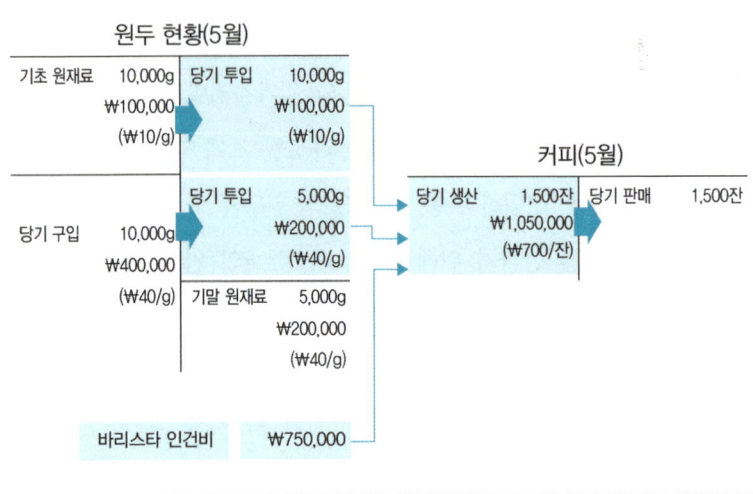

✦ 선입선출법(FIFO)에 따른 재고 흐름 ✦

🌐 최근에 산 원두를 먼저 써야지 - 후입선출법

그런데 만약 태윤이가 신선한 커피를 손님들에게 제공하는 것을 최우선으로 한다고 가정한다면 어떨까? 이렇게 제품원가를 계산하는 데에 있어서 **최근에 산 원재료를 먼저 사용하여 제품을 생산한다는 가정**을 **후입선출법**(Last In First Out)이라고 한다. 따라서 15,000g의 원두를 사용할 때 후입선출법에 따르면 5월 초에 400,000원에 구입한 10,000g의 원두를 먼저 사용하고 5,000g은 4월 말에 100,000원에 구입한 10,000g 중 50,000원에 해당하는 5,000g을 사용한다고 가정한다. 그리고 5월 말에는 50,000원에 해당하는 5,000g의 원두가 남게 된다.

후입선출법에 따라 커피 1,500잔을 만들기 위해 5월 초에 구입한 g당 40원에 해당하는 원두 10,000g를 먼저 사용하고, g당 10원에 해당하는 원두 5,000g을 추가로 사용하였다고 가정하였다. 또한 바리스타에게 지급한 인건비가 750,000원이므로, 커피 생산을 위해 총 1,200,000원의 제조원가가 발생한 것으로 집계된다. 그리고 1,500잔의 커피를 생산 및 판매하였기 때문에 한 잔에 800원의 제조원가가 발생한 걸 알 수 있다.

✦ 후입선출법(LIFO)에 따른 재고 흐름 ✦

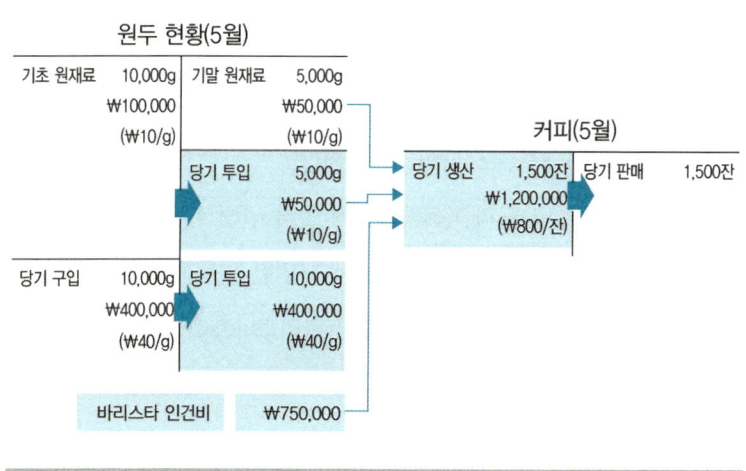

⚙ 구입한 원두는 고루고루 섞어서 써야지 - 평균법

반면에 평소에 태윤이가 원두를 구입하면 바로 혼합하여 사용하는 버릇이 있다고 하면 어떨까? 또는 구입한 시점을 고려하지 않고 원두를 아무렇게나 사용한다고 하면 어떨까? 이때는 4월 말에 구입한 원두와 5월 초에 구입한 원두를 생산에 투입된 비율대로 **평균화하여 제품원가를 계산**할 수 있는데, 이러한 방법을 **평균법**이라고 한다. 즉, 15,000g의 원두를 사용할 때 평균법에 따르면 총 20,000g의 원두에서 15,000g의 원두를 사용했으니, 4월 말에 100,000원에 구입한 10,000g의 원두 중 7,500g을 사용하고 동일하게 5월 초에 400,000원에 구입한 10,000g의 원두 중 7,500g을 사용했다고 가정한다. 그리고 4월 말에 구입한 원두 중 2,500g과 5월 초에 구입한 원두 중 2,500g이 월말에 5,000g의 원두로 남아 있게 된다.

평균법에 따르면 커피 1,500잔을 만들기 위해 4월 말에 g당 10원에 구입한 원두와 5월 초에 g당 40원에 구입한 원두를 각각 7,500g씩 동일하게 사용하였다고 가정한다. 또한 바리스타에게 지급한 인건비가 750,000원이므로, 커피 생산을 위해 총 1,125,000원의 제조원가가 발생한 것으로 집계된다. 그리고 1,500잔의 커피를 생산 및 판매하였기 때문에 한 잔에 750원의 제조원가가 발생한 걸 알 수 있다.

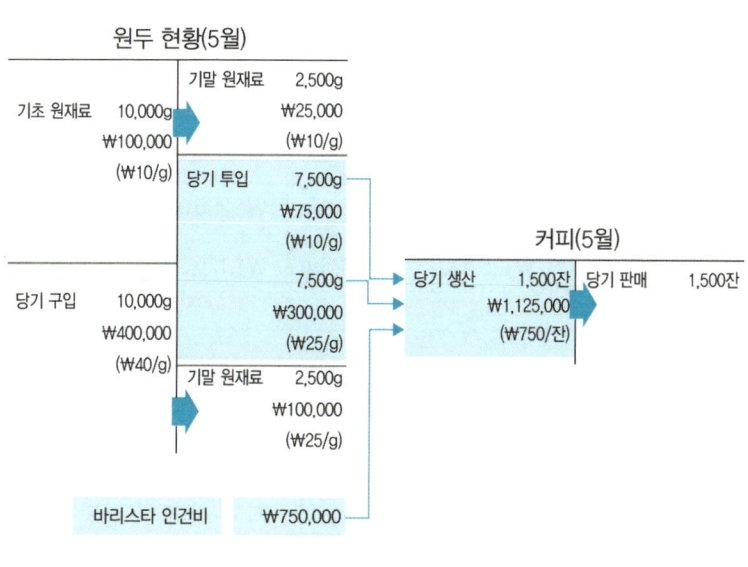

⚙ 제품원가의 결정방법과 경영성과는 밀접하다.

상기 사례를 살펴보면 **제품원가를 계산한 때 재고흐름**, 특히 원재료의 흐름을 **어떻게 가정하느냐에 따라 재고자산의 제조원가, 매출원가 및 기말재고자산의 가격이 다르게 인식된다는** 사실을 알 수 있다.

✦ 제품원가의 결정방법과 제조원가 및 재고가액 ✦

	5월말 원두 가액		커피 제조 및 매출원가	
	총액(5,000g)	단위당 원가	총액(5,000g)	단위당 원가
선입선출법	₩200,000	₩40/g	₩1,050,000	₩700/잔
후입선출법	₩50,000	₩10/g	₩1,200,000	₩800/잔
평균법	₩125,000	₩25/g	₩1,125,000	₩750/잔

선입선출법에 따르면 총 5,000g에 해당하는 5월 말 원두 가액은 200,000원이고 g당 40원으로 계산된다. 또한 커피 제조 및 매출원가는 1,500잔 기준으로 1,050,000원으로 계산되고 커피 한 잔당 700원으로 계산된다. 반면에 후입선출법에 따르면 총 5,000g에 해당하는 5월 말 원두 가액은 50,000원이고 g당 10원으로 계산된다. 또한 커피 제조 및 매출원가는 1,500잔 기준으로 1,200,000원으로 계산되며 커피 한 잔당 800원으로 계산된다. 선입선출법과 후입선출법의 사례를 살펴보면, 재미있는 사실은 **선입선출법에 비해 후입선출법으로 계산하는 경우** 5월 말 원두가액은 낮게 평가되고, **커피 제조 및 매출원가는 높게 평가된다**는 사실을 알 수 있다. 이러한 결과가 발생하는 것은 4월 말 대비 5월 초에 구입한 원두의 가격이 상승, 즉 **물가가 상승했기 때문**이라는 것을 알 수 있다. 또한 평균법으로 계산한 기말 원두 가액과 커피 제조 및 매출원가는 선입선출법과 후입선출법의 중간으로 기말원두가액을 125,000원으로 그리고 커피 제조 및 매출원가로는 1,125,000원으로 인식하게 된다.

따라서 **일반적으로 물가가 상승하는 경우에는 매출원가를 상대적으로 적게 인식하는 선입선출법**이 매년마다 이익을 보고해야 하는 전문경영자에게는 매혹적인 방법이 될 수 있다. 반면에 단기간의 이익보다는 세금 등을 적게 납부하고 싶어 하는 Owner의 입장에서는 **매출원가를 크게 인식하는 후입선출법**이 더 선호될 수 있는 방법이다.

그렇다면 기업은 추구하는 목적에 따라 매년 선입선출법과 후입선출법을 번갈아 활용한다면 이익을 기업의 의지대로 산출할 수 있지 않을까? 다행히 재무회계[12]에서는 한 번 인식한 재고자산의 평가 방법에 대해서는 정당한 사유가 없는 한 지속적으로 유지하도록 규정하고 있다. 즉, 기업의 이익조작 가능성을 사전에 방지하고 있다는 의미이다.

그리고 잊지 말아야 할 사실 중에 하나는 선입선출법을 채택하였을 경우 높게 인식된 기말 재고자산은 차년도의 매출원가로 귀속[13]된다는 사실이다. 또한 해당 방식은 일반적으로 물가가 상승하고 지속적으로 판매가 증가한다는 가정하에 성립된다. 즉, 물가가 하락하거나 판매가 감소하여 재고자산이 급격히 증가하는 경우에는 선입선출법이 후입선출법보다 매출원가를 많게 인식하는 경우도 발생한다. 이러한 차이 때문에 평균법을 선호하는 경향도 종종 존재한다. 또한 실무적으로도 제품원가결정 방법으로는 선입선출법이나 평균법이 주로 사용된다.

---

12) 실무적으로 K-GAAP과 달리 K-IFRS에서는 제품원가 결정방법과 관련하여 LIFO를 인정하지 않는데, LIFO는 재고를 현행 가치보다 현저히 과소 계상하므로 공정가치를 중시하는 K-IFRS는 LIFO의 사용을 금지하고 있다.
13) 이러한 의미에서 제품원가 결정방법의 선택적 적용은 이익의 유연화이지 가공의 이익이 발생하는 개념이 아니다. 즉, 선입선출법에 따라 당기에 높게 인식된 기말재고자산은 매출이 정상적으로 발생되는 경우에는 차기에 매출원가에 그대로 반영되기 때문이다.

04

여러 제품원가도
계산해보자.

여러 가지 제품을 생산한다고 가정하는 경우

⚙ 아메리카노만 판매하지는 않겠지?

실제 사업이나 장사를 할 때에는 하나의 제품이 아니라 **다양한 제품을 판매하게 되는데** 이때 **발생되는 고민이 '간접원가' 또는 '공통원가'와 관련된 배부**이다. 앞선 사례에서는 '원가대상'이 아메리카노 하나였기 때문에 발생하는 모든 원가는 다 '직접원가'였다. 하지만 카페에서 '아메리카노'뿐만 아니라 '카페라떼'도 판매한다고 한다면 바리스타의 인건비조차도 더 이상 '직접원가'가 아니라 '간접원가'로 성격이 변하게 된다. 그리고 이럴 경우 바리스타의 인건비를 어떻게 배부할지에 대한 고민에 직면하게 된다.

간단한 사례를 위해서 태윤이가 운영하는 카페에서 '아메리카노'에 '카페라떼'를 추가하여 판매하기로 하였다고 하자. 커피 한 잔에는 10g의 원두가 사용되고, '라떼'에 한하여 10ml의 우유가 추가된다고 하자. 그리고 바리스타의 인건비는 한 달에 750,000원을 지급하기로 계약하였으며, 원두와 우유의 기초 및 기말 재고는 없다고 가정[14]한다. 그리고 5월

에는 500,000원에 25,000g의 원두를 구입하여 소비하였고, 10,000ml
의 우유를 40,000원에 구입하여 소비하였다고 해보자. 또한 아메리카노
는 잔당 3,000원[15]으로 1,500잔을 판매하였고, 라떼는 잔당 4,500원
으로 1,000잔을 판매했다고 한다. 그럼 아메리카노와 라떼 한 잔당 제
품원가는 얼마로 계산될 수 있을까?

✦ 카페 사례 ✦

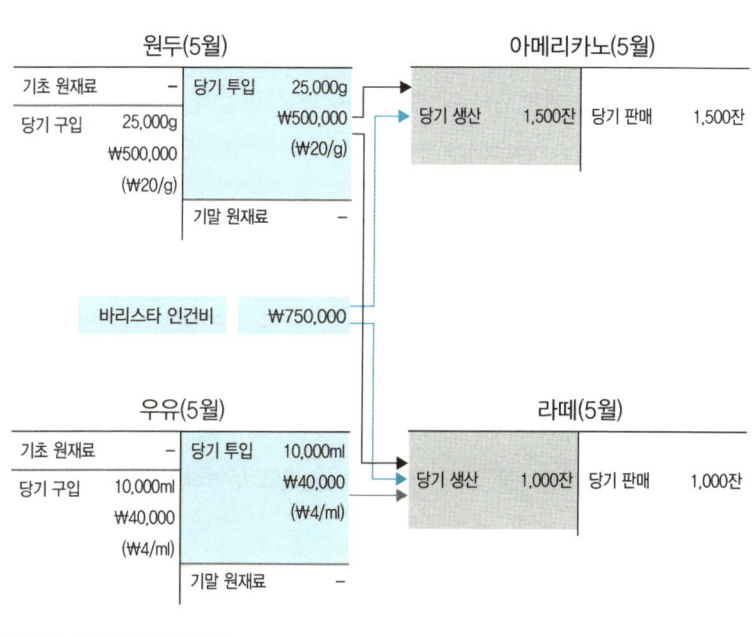

⚙️ 바리스타 인건비 - 어떻게 배부할까?

　'아메리카노'와 '라떼'의 제품원가를 계산하기 과정에서 원두와 우유는 문제가 되지 않는다. '아메리카노'와 '라떼'의 생산량에 따라 추적 가능한 직접원가이기 때문이다. 하지만 바리스타 인건비는 다르다. 한 명의 바리스타가 '아메리카노'와 '라떼'를 다 만들기 때문이다. 일부 독자는 '아메리카노'와 '라떼'를 만들 때마다 제조시간을 기록하면 되지 않겠냐고 할 수도 있겠지만, 실무상으로는 적용하기 어려운 방법이다. 그리고 바리스타의 인건비는 '고정원가'의 성격을 가지고 있기도 한데, 바리스타의 인건비는 커피 생산량 및 판매량과 상관없이 일정한 금액으로 지출되는 비용이기 때문이다.

　따라서 바리스타 인건비는 일정한 가정으로 '아메리카노'와 '라떼'에 각각 배부되어야 하는데, 가장 쉽게 생각할 수 있는 방법이 바로 '아메리카노'와 '라떼'를 만들 때 예상되는 바리스타의 노무 시간이다. 만약 '아메리카노' 한 잔을 만들 때와 비교하여 '라떼'를 만들 때 일반적으로 3배의 시간이 소요된다면, 이를 기준으로 '아메리카노'와 '라떼'의 생산량 및 판매량에 가중치를 각각 1 대 3 비율대로 부여하여 바리스타 인건비를 배부하는 방법[16]이다.

　'아메리카노'의 경우, 1,500잔을 생산 및 판매했기 때문에, 총 300,000원에 해당하는 15,000g의 원두가 소비되었다. 그리고 총 노무 시간은 아메리카노 제조에 '1,500잔 × 1배', 라떼 제조에 '1,000잔 × 3배'가 투입되어 총 45,000이 되며, 총 750,000원의 노무비가 발생되었으므로 아메리카노에는 1/3에 해당하는 250,000원이 배부되고, 라

---

16) 이는 뒤에서 설명할 간접원가의 배부 방법 중에 '인과관계' 기준에 해당된다.

떼에는 2/3에 해당하는 500,000원이 배부된다. 따라서 1,500잔의 아메리카노 제조에 300,000원의 원두와 250,000원의 노무비의 합인 총 550,000원의 제조원가가 투입되며, 따라서 아메리카노 한 잔당 제품원가는 367원으로 계산된다. 또한 동일한 방식으로, '라떼'의 경우 1,000잔을 생산 및 판매했기 때문에 총 200,000원에 해당하는 10,000g의 원두가 소비되었으며, 10,000ml 우유에 대한 40,000원이 투입되었고, 라떼 제조에는 500,000원의 노무비가 소요되었다. 따라서 1,000잔의 라떼 제조에 740,000원의 제조원가가 발생되었으며, 라떼 한 잔당 제품원가는 740원이 산출된다.

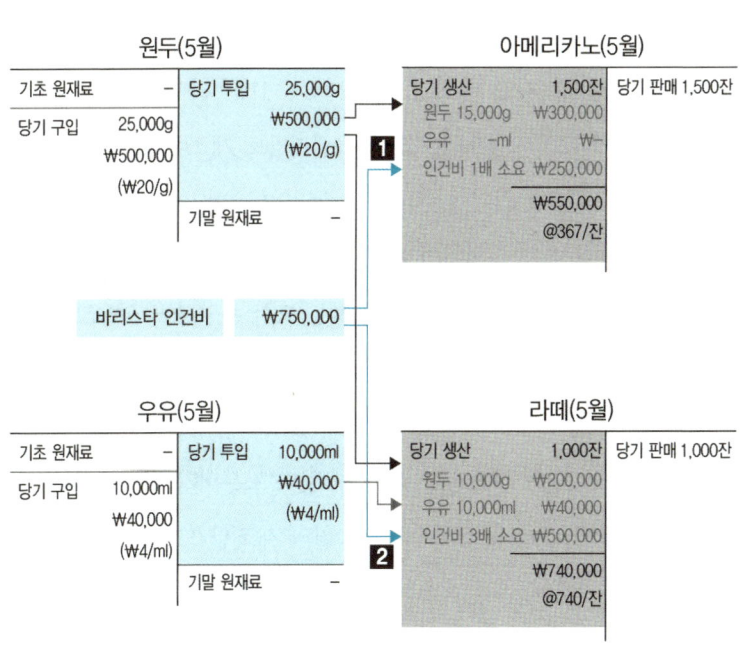

✦ 인건비를 노무 시간 기준으로 배부하는 경우 ✦

		노무 비중			인건비 총액	인건비 배부
아메리카노	1,500잔×1배	=1,500	1/3	**1**	₩750,000	=₩250,000
라떼	1,000잔×3배	=3,000	2/3	**2**		=₩500,000

바리스타 인건비 배부를 위한 또 다른 방법으로는 판매가격을 고려해볼 수 있는데, 즉 판매가격에 비례하여 바리스타 인건비를 부담시키는 방법으로 3,000원에 해당하는 아메리카노 가격과 4,500원에 해당하는 라떼 가격에 비례하여, '아메리카노'와 '라떼'의 생산량 및 판매량에 가중치를 각각 1 대 1.5로 산정하여 바리스타 인건비를 배부하는 방법[17]이다.

따라서 '아메리카노'의 경우, 1,500잔을 생산 및 판매했기 때문에, 총 300,000원에 해당하는 15,000g의 원두가 소비되었다. 그리고 총 노무 시간은 아메리카노 제조에 '1,500잔 × 1배', 라떼 제조에 '1,000잔 × 1.5배'가 투입되었으며, 그 중 아메리카노 제조에 투입되는 비중을 기준으로 375,000원의 노무비가 소요되었다. 따라서 1,500잔의 아메리카노 제조에 675,000원의 제조원가가 투입되었으며, 아메리카노 한 잔당 제품원가는 450원으로 계산된다. 또한 동일한 방식으로 '라떼'의 경우, 1,000잔을 생산 및 판매했기 때문에 총 200,000원에 해당하는 10,000g의 원두가 소비되었으며, 10,000ml 우유에 대한 40,000원이 투입되었고, 라떼 제조에는 375,000원의 노무비가 소요되었다. 따라서 1,000잔의 라떼 제조에 615,000원의 제조원가가 발생되었으며, 라떼 한 잔당 제품원가는 615원이 산출된다.

17) 이는 뒤에서 설명할 간접원가의 배부 방법 중에 '수혜' 기준에 해당된다.

	노무 비중			인건비 총액	인건비 배부
아메리카노	1,500잔×3,000	=4,500,000	50%	₩750,000 **1**	=₩375,000
라떼	1,000잔×4,500	=4,500,000	50%	**2**	=₩375,000

이처럼 **제품원가를 계산할 때 공통원가의 비중이 클수록** 어떤 배부 기준을 활용하느냐에 따라 제품원가의 변화가 크기 때문에, **공통원가에 대한 배부기준의 중요성이 높아진다.** 그리고 산출된 제품원가를 기반으로 판매가격이 결정될 수 있기 때문에 요즈음처럼 공통원가의 비중이 높아지는 경우에는 배부기준에 대한 합리성이 중요한 화두가 되곤 한다.

⚙ 공통원가의 과제는 얼마나 합리적으로 배부하느냐이다.

　사례의 결과를 잘 살펴보면, 아메리카노나 라떼의 경우에 1잔당 원두 가격은 200원[18]으로 일정하다. 그리고 라떼에 포함되는 우유 또한 바리스타 인건비를 어떻게 배부하느냐와 관계없이 1잔당 40원으로 일정하다. 하지만 아메리카노와 라떼를 함께 제조하여 판매하는 경우 공통원가로 분류되는 바리스타 인건비를 어떻게 배부하느냐에 따라 아메리카노와 라떼 1잔당 제품원가는 다르게 표현된다. 즉, 아메리카노 대비 라떼의 노무시간이 3배 높을 것으로 가정한 경우에는 아메리카 1잔당 제품원가가 367원 반면, 라떼의 제조원가는 1잔당 740원으로 계산된다. 반면에 바리스타의 인건비를 단위당 판매가격으로 배부하는 경우에는 아메리카노의 제품원가는 1잔당 450원, 라떼의 제품원가는 1잔당 615원으로 계산된다. 이처럼 **배부기준에 따라 제품원가의 변화가 크게 발생**한다.

---

18) 원두 1g당 20원이며, 커피 한 잔당 10g이 필요하므로 커피 한 잔당 200원의 원두가 소요된다.

✦ 바리스타 인건비 배부 방법에 따른 커피 제조원가 ✦

예상 노무시간 기준	아메리카노 제조원가		라떼 제조원가	
	1,500잔 기준	1잔 기준	1,000잔 기준	1잔 기준
원두	₩300,000	₩200/잔	₩200,000	₩200/잔
우유	–	–	₩40,000	₩40/잔
바리스타 인건비	₩250,000	₩167/잔	₩500,000	₩500/잔
Total	₩550,000	₩367/잔	₩740,000	₩740/잔

단위당 판매가격기준	아메리카노 제조원가		라떼 제조원가	
	1,500잔 기준	1잔 기준	1,000잔 기준	1잔 기준
원두	₩300,000	₩200/잔	₩200,000	₩200/잔
우유	–	–	₩40,000	₩40/잔
바리스타 인건비	₩375,000	₩250/잔	₩375,000	₩375/잔
Total	₩675,000	₩450/잔	₩615,000	₩615/잔

공통원가의 배부 방법

⚙ 회식비는 어떻게 나누면 좋을까?

'배부'란 말 그대로 '나누어 준다'는 의미인데, **'공통원가'가 발생하면** 어디에 귀속시켜야 할지 모르기 때문에 **일정한 기준을 선정하여 각각 배부**해야 하는 문제가 발생한다. 이 '공통원가의 배부'와 관련된 문제와 다양한 배부 방법에 대한 쉬운 이해를 위해 '회식비'를 예로 들어보기로 하자.

> 같은 학교를 다녔던 직장 초년생 3명이 삼겹살집에 모여 오랜 만에 회식을 하였다고 한다. 이런저런 이야기를 하면서 마음껏 삼겹살과 소주를 마신 결과, 10만 원이 나왔다. 회식을 할 때까지는 좋았겠지만 다들 직장 초년생들이라 아무도 '내가 쏠게!'라고 외치지 못하고 눈치만 보고 있었다. 과연 어떻게 회식비를 나누어야 끝까지 즐거웠던 회식자리로 기억될 수 있을까?

가장 쉽게 생각할 수 있는 방법은 "1/N" 법칙인데, 총 서비스 가격을 모인 사람 수대로 나누어 가격을 부담하는 방법이다. 그런데 과연 이 방법이 모든 사람이 만족할 수 있는 합리적인 방법이라고 볼 수 있을까? 결론적으로 이야기하면 **회계에서도 정확하게 어느 방법이 합리적이라고 말할 수는 없다.** 회계적인 관점에서 보면 **회식비는** 회식에 참여한 사람이라는 원가대상에 직접적으로 귀속시킬 수 없는 '간접원가' 또는 '공통원가'이기 때문이다.

회계에서도 정답은 없지만 회식비를 배부하는 다양한 방법을 제시하고 있는데, 우선 생각해볼 수 있는 방법이 많이 먹었을 것이라고 예상되는 사람에게 회식비를 더 많이 부담시키는 것이다. 물론 각자가 정확하게 몇 점의 삼겹살을 먹고 몇 잔의 소주를 마셨는지를 알 수는 없지만, 일반적으로 몸무게가 많이 나가거나 평소 식성이 많은 사람에게 회식비를 더 부담하도록 요구할 수 있는데 이러한 배부기준을 '인과관계(Cause and effect)기준'이라고 한다. 인과관계 기준을 사용하려면 자원 사용, 즉 여기서는 삼겹살과 소주의 소비와 관련된 원인이 될 것으로 예상되는 변수를 찾아내는 것이 무엇보다 중요하다. 인과관계 변수를 잘못 찾아낸다면 그 다음은 여러분들의 상상에 맡겨 보자.

두 번째로 생각할 수 있는 배부 기준은 회식 당시에 삼겹살과 소주를 무척 먹고 싶어 했던 사람에게 회식비를 더 부담하도록 하는 것이다. 평소에 삼겹살과 소주를 먹고 싶었기에 이번 회식에서 충분이 즐겼다면 그만큼 만족도, 경제학 용어로 이야기하면 효용이 다른 사람들에 비해 훨씬 높았을 것이기 때문이다. 삼겹살을 먹거나 소주를 마시지 않더라도 이번 회식으로 다른 사람보다 만족도가 높았을 수도 있는데, 이러한 배부기준을 수혜(Benefits received)기준 또는 수혜자 부담원칙이라고 한다. 즉, 원가배분대상이 공통원가로부터 제공받은 경제적 효익 또는 각 수혜자가 받은 수혜비율의 정도에 비례하여 원가를 배부한다는 기준이나.

세 번째로 고민해볼 만한 방식은 세 사람의 월급을 기준으로 회식비를 부담하거나 세 사람의 순자산에 비례하여 부담하는 것이다. 10만원이라는 돈에 대한 상대적인 가치가 세 사람에게 다를 것으로 예상되기 때문인데, 월급이 많거나 월급 외 수입이 많은 사람에게는 10만 원이라는 돈은 크게 느껴지지 않을 수 있다. 하지만 혼자 자취를 하는 등 생활비가 빠듯하고 월급이 적은 사람에게는 10만 원이라는 돈의 가치가 훨씬 무겁게 느껴질 수도 있다. 이러한 방식으로 회식비라는 공통원가를 배부하는 방식을 **부담능력**(Ability to bear)**기준**이라고 하는데, **원가대상의 부담능력에 비례하여 배부**하는 것으로, 보다 많은 수익이 발생하거나 자산이 많은 사람이 공통원가를 더 많이 부담할 수 있다는 가정에 기반하는 방식이다.

마지막으로 소개할 배부 기준은 **공정성 또는 공평성**(Fariness or equity)**기준**이다. 공정성 또는 공평성에 따라 공통원가를 배부하라는 원칙을 강조하는 포괄적인 기준인데, 앞에서 언급한 '1/N 법칙'이 여기에 해당될 수 있다. 하지만 공정성 또는 공평성기준은 공통원가의 배부와 관련된 운영기준으로 활용되기에는 한계가 있다. 원가대상이 되는 세 명의 사회 초년생들이 생각하는 **공정성 또는 공평성이 다 다르기 때문**이다.

✦ 다양한 원가배부 기준 ✦

공정성 기준	• 1/N로 나누어 부담
인과관계 기준	• 많이 먹었을 것이라고 예상되는 사람이 돈을 더 부담
수혜 기준	• 회식 당시 삼겹살과 소주를 무척 먹고 싶었던 사람이 더 부담
부담능력 기준	• 월급 등 자산이 많은 사람이 더 부담

여기까지 이야기를 하다 보면 일부 독자들로부터 회식비 하나 가지고 너무 따지는 것 아니냐는 소리를 듣기도 하는데, 배부대상 금액이 10만 원이 아니라 10억 원이라고 한다면 이야기는 달라진다. 공통원가의 문제는 금액이 작을 때는 어떻게 배부하느냐에 관심이 적지만, 10억 원처럼 금액이 커지면 배부 문제가 중요한 이슈가 되기도 한다.

　　하지만 위에 제시한 다양한 방법을 활용해도 세 명을 모두 만족시키기는 어렵다. 그렇다면 회식비를 공통원가가 아니라 직접원가화, 즉 개별원가처럼 관리할 수는 없을까? 만약에 세 명이 회식을 할 때 한 명이 심판처럼 누가 삼겹살을 얼마나 먹는지 그리고 누가 소주는 얼마나 마시는지를 정확하게 재거나, 각자 따로 테이블에 앉아서 삼겹살과 소주를 각각 먹으면 누가 회식비를 얼마나 낼지 정확하게 관리할 수 있다. 하지만 이렇게 한다면 회식을 할 이유가 없거나 누군가는 회식을 포기해야 하기 때문에 이 방법을 쓰지는 않을 것이다. **즉, 충분한 시간과 노력을 들이면 공통원가를 개별원가처럼 측정할 수 있으나 효율성 측면에서 공통원가로 분류하여 배부하는 경우도 실무상에서는 존재한다는** 의미이다.

05

생산/판매량에 따라
제품원가가 달라진다는데….

정상원가계산(Normal Costing)

⚙ 생산량 또는 판매량에 따라 제품원가가 달라지는 이유

실제 제품원가를 계산하고 분석하는 관점에서 가장 어려운 주제 중 하나가 '제조간접원가'이다. '제조간접원가'의 특징 중 하나가 대부분 '고정원가'의 성격을 띤다는 점이다. 카페를 예로 들면, 매장에서 사용하는 에스프레소 머신에 대한 감가상각비 또한 생산량 및 판매량과 관계없이 일정하게 발생하는 '고정원가'에 해당되며, 앞선 사례에서 바리스타 인건비[19] 또한 매달 일정한 금액이 지급되기 때문에 '고정원가'에 해당된다. '총고정원가'는 생산량 또는 판매량과는 상관없이 일정하게 비용이 발생한다는 특징이 있으며, 이는 생산량 및 판매량이 증가할수록 제품 단위당 고정원가는 감소하고, 생산량 및 판매량이 감소할수록 제품 단위당 고정원가는 증가한다는 특징이 있다. 반면 총변동원가는 생산량 및 판매량의 증감에 비례하여 움직이기 때문에, 제품 단위당

---

19) 원가의 3요소 관점의 원가 분류에 따르면, 바리스타의 인건비는 '노무간접원가'로 분류되며, '노무간접원가'는 '제조간접원가'에 포함된다.

변동원가는 생산량 및 판매량에 상관없이 동일하게 유지된다.

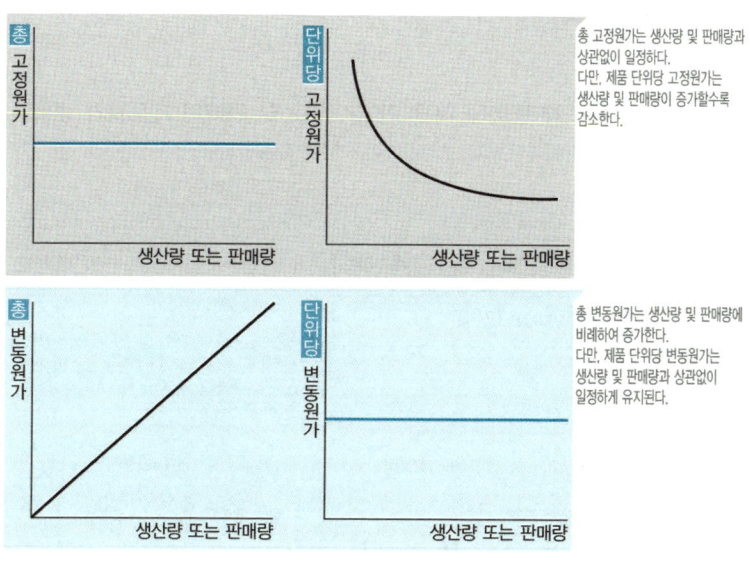

앞선 사례에서 바리스타의 인건비에 대한 합리적인 배부기준을 찾았다고 해도, 실제 수요에 따라 커피의 생산량 및 판매량이 바뀌면 아메리카노와 라떼의 제품원가는 변하게 된다. 문제는 아메리카노와 라떼 가격을 결정하기 위해서는 사전에 제품원가가 얼마인지를 알아야 하는데, **실제 생산량 및 판매량이 확정된 후에 제품원가[20]를 알 수 있기 때문에 실제 제품원가를 참고하여 판매가격을 결정하기는 어렵다**는 단

---

20) 변동원가의 경우에도 생산량 및 판매량이 확정되어야 – 제품의 원가결정 방법을 가정하여 기초 재고 및 당기 매입 부분이 생산 및 판매에 얼마나 투입되었는지 확인할 수 있다. 고정원가 또한 실제 생산량 및 판매량이 확정되어야 단위당 고정원가를 계산할 수 있다.

점이 존재한다. 또한 커피의 생산량 및 판매량은 커피 맛, 마케팅 등 내부적인 환경에 의해 변하기도 하지만 다양한 외부적인 환경에 따라 달라질 수 있기 때문에 매번 계산된 단위당 제품원가의 실제원가가 출렁이는 단점도 있다.

✦ 생산량 및 판매량 변화에 따른 아메리카노 및 라떼의 제품원가 변동 ✦

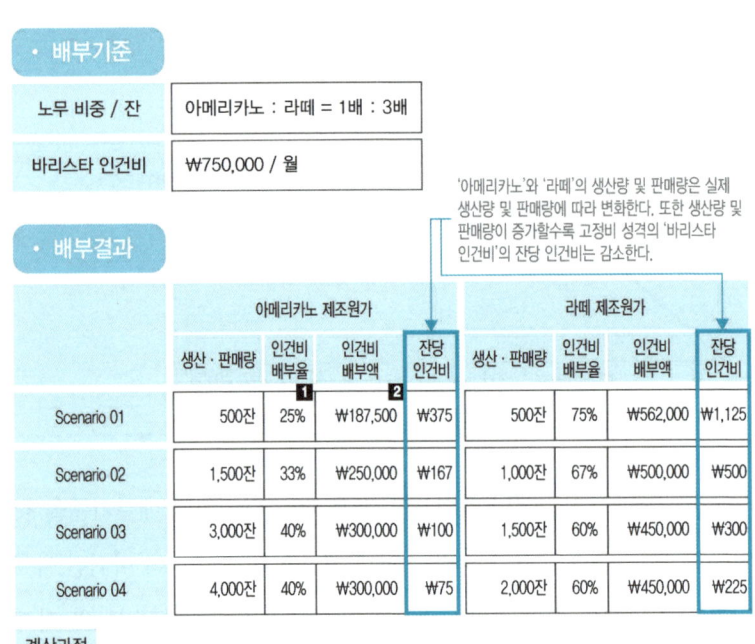

• 배부기준

노무 비중 / 잔	아메리카노 : 라떼 = 1배 : 3배
바리스타 인건비	₩750,000 / 월

'아메리카노'와 '라떼'의 생산량 및 판매량은 실제 생산량 및 판매량에 따라 변화한다. 또한 생산량 및 판매량이 증가할수록 고정비 성격의 '바리스타 인건비'의 잔당 인건비는 감소한다.

• 배부결과

	아메리카노 제조원가				라떼 제조원가			
	생산·판매량	인건비 배부율 **1**	인건비 배부액 **2**	잔당 인건비	생산·판매량	인건비 배부율	인건비 배부액	잔당 인건비
Scenario 01	500잔	25%	₩187,500	₩375	500잔	75%	₩562,000	₩1,125
Scenario 02	1,500잔	33%	₩250,000	₩167	1,000잔	67%	₩500,000	₩500
Scenario 03	3,000잔	40%	₩300,000	₩100	1,500잔	60%	₩450,000	₩300
Scenario 04	4,000잔	40%	₩300,000	₩75	2,000잔	60%	₩450,000	₩225

계산과정

1 인건비 배부율 = 500잔 × 1배 / (500잔 × 1배 + 500잔 × 3배)
2 인건비 배부액 = 바리스타 인건비 750,000 × 인건비 배부율

따라서 이러한 단점을 보완하기 위해 제조간접원가의 실제 발생 금액과 상관없이 미리 발생금액을 예상하고, **정상적인 상황에서 예상되는 생산량 또는 판매량을 추정하여 제조간접원가를 배부**하고자 하는 경우

가 있는데 이때 사용되는 방법이 **정상원가계산**(Normal Costing)이라고 한다. 즉, 사례에서 태윤이네 카페에서 매월 생산 및 판매하는 아메리카노와 라떼의 수량은 내·외부 환경에 따라 변하겠지만, 정상적인 상황에서 아메리카노와 라떼를 각각 1,500잔과 1,000잔을 생산 및 판매한다고 가정한다는 의미이다. 따라서 매월 얼마나 팔았는지에 대한 실적을 집계하지 않고도 아메리카노 한 잔에 167원의 인건비가, 라떼 한 잔에 500원의 인건비가 들 거라고 예상할 수 있다.

이렇게 제조간접원가를 예정 배부하는 이유는 실제 생산량 및 판매량에 따라 단위당 제조간접원가의 변동성을 완화할 수 있고, 실제 제조간접원가를 계산하려면 월말까지 기다려야 하는 시차를 극복할 수 있기 때문이다. 또한 **사전에 배부된, 즉 예정 배부된 제조간접원가와 실제 발생한 제조간접원가를 비교하여 실제 사용된 제조간접원가가 효율적으로 운용되었는지를 비교할 수 있는 기준으로도 활용**할 수 있다는 장점이 있다.

만약 카페에서 바리스타 인건비로 600,000원을 지급한다고 해보자. 그리고 일반적으로는 아메리카노와 라떼[21]를 합쳐 한 달에 6,000잔을 판매한다고 해보자. 이럴 경우 바리스타 인건비로 커피 한 잔당 100원[22]의 제조간접원가가 배부되게 된다. 하지만 실제 한 날에 아메리카노와 라떼를 합쳐 4,000잔이 생산 및 판매되었다면, 한 잔당 예정 배부기준에 따라 바리스타 인건비는 월 400,000원으로 계산된다. 따라서 매월 발생해야 하는 600,000원 대비 200,000원이 덜 발생했으므로

---

21) 간단한 사례를 위해, 아메리카노와 카페라떼를 생산하기 위해 동일한 노무시간이 들어간다고 가정했다.
22) ₩600,000/6,000잔=₩100/잔

카페에서는 바리스타를 비효율적으로 활용했음을 알 수 있다. 다른 의미로는 충분히 활용했다면 6,000잔을 생산 및 판매할 수 있었는데 바리스타가 일정기간 놀고 있었다는 의미이기도 하다. 즉, 실제발생원가와 예정발생원가의 차이[23]를 통해 원가의 효율적 관리 여부를 점검할 수 있기 때문에 실무상에서도 정상원가계산은 자주 활용되는 방법이다.

✦ 바리스타 인건비에 대한 예정 배부 및 차이분석 결과[24] ✦

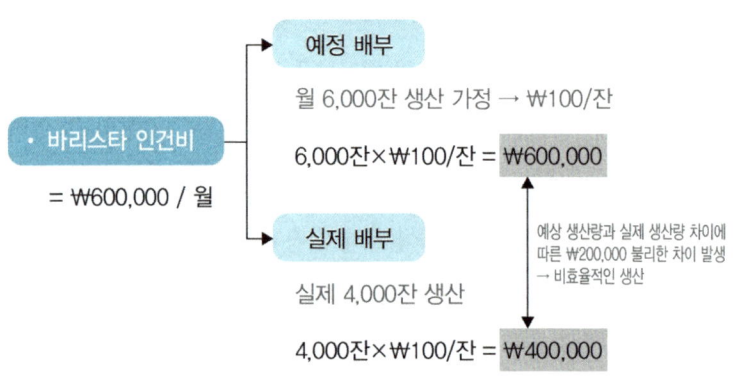

바리스타 인건비
= ₩600,000 / 월

예정 배부
월 6,000잔 생산 가정 → ₩100/잔
6,000잔×₩100/잔 = ₩600,000

실제 배부
실제 4,000잔 생산
4,000잔×₩100/잔 = ₩400,000

예상 생산량과 실제 생산량 차이에 따른 ₩200,000 불리한 차이 발생 → 비효율적인 생산

---

23) 재무회계 관점에서 추가로 알아 둘 점은 실제 발생한 바리스타의 인건비 600,000원과 예정 배부에 따른 바리스타 인건비인 400,000원의 차이인 200,000원은 매출원가와 재고자산에 추가로 배부해주어야 한다. 재무회계에서는 실제 발생한 제품원가를 기준으로 제품원가를 계산하도록 규정되어 있기 때문이다.
24) 600,000원의 예정원가 배부에 비해 400,000원이 제품에 배부되었다는 사실을 보고 비용이 절감되었다고 오해할 수도 있다. 하지만 단위당 예정원가 기준으로 덜 생산되었기 때문에, 즉 가능한 능률치로는 6,000잔이 생산될 수 있었으므로 비효율적으로 바리스타를 활용했다고 볼 수 있다.
또한 바리스타 인건비는 고정원가이므로 실제 600,000원이 지불되었다.

미리미리 제품 원가를 정할 수는 없을까?

표준원가계산(Standard Costing)

⚙ 사전에 제품원가를 알 수 없을까?

"정상원가계산" 도입에도 불구하고 제품원가를 적시에 확인하기는 쉽지 않다. '정상원가계산'을 통해 미리 제조간접원가를 미리 확정할 수는 있지만, 직접재료원가나 직접노무원가 등은 여전히 실제 지출된 결과를 집계하여 제품별로 원가계산을 해야 하기 때문이다. 따라서 제조간접원가뿐만 아니라 모든 제조원가항목에 대한 원가를 미리 설정한다면 제품원가를 빠르게 확인할 수 있는데, 이러한 방식을 표준원가계산(Standard Costing)이라고 한다. 즉, 아메리카노 한 잔에 대하여 원두는 10g의 원두가 소요되고 g당 원두의 가격이 20원이기 때문에 아메리카노 한 잔에 들어가는 재료원가는 200원으로 설정하는 식이다.

표준원가계산의 핵심 포인트는 원가 항목별 표준원가를 어떻게 설정하느냐에 있다. 대부분의 경우 일반적으로는 과거 실적 값을 기준으로 표준원가를 산정하곤 하는데, 문제는 과거 실적 값에는 이미 비능률이 포함[25]되어 있기 때문에 표준원가로 활용하기에는 적합하지 않다는

데 있다. 또한 과거 실적 값을 기준으로 적절한 원가 요소별로 표준원가를 설정했다고 해도, 주기적인 업데이트를 통한 관리[26]가 필수적이다.

✦ 카페의 제품별 표준원가 사례 ✦

상품코드	123	456	789	135	457	336	489	862	652
대분류	음료					베이커리			
세분류	로스터리 커피				콜드브루	크로와상			
상품명	아메리카노	카페라떼	쇼콜라 전두아라떼	아인슈페너	콜드브루	오리지널 크루아상	앙버터 크루아상	카라멜 크루아상	체다치즈 소시지
	HOT	HOT	HOT	ICE	HOT	–	–	–	–
Total 재료원가	₩240	₩540	₩1,640	₩1,266	₩300	₩500	₩1,550	₩1,235	₩2,315
재료 1	마일드샷	마일드샷	마일드샷	마일드샷	콜드브루	오리지널 크루아상	오리지널 크루아상	오리지널 크루아상	오리지널 크루아상
수량	20	20	20	20	200	1	1	1	1
금액	₩240	₩240	₩240	₩240	₩300	₩500	₩500	₩500	₩500
재료 2		우유	잔두야베이스	우유			빙수앙금	카라멜	나쵸치즈미요
수량		220	160	180			50	50	75
금액	–	₩300	₩1,000	₩306		–	₩150	₩200	₩600
재료 3			화이트크림	바닐라빈시럽			통팥앙금	베이커리 생크림	세블락 소시지
수량			30	20			50	50	1
금액	–	–	₩400	₩200		₩0	₩150	₩350	₩1,000
재료 4				화이트크림			고메버터	커드	해쉬브라운
수량				40			2	50	72
금액				₩520			₩750	₩150	₩200
재료 5								베이커리설탕	허니머스타드
수량								40	5
금액	–	–	–	–				₩35	₩15

---

25) 일시적으로 원두 가격이 상승하였는데, 이를 반영한 원두 가격을 기준으로 표준원가를 설정한다면 커피 가격은 평소보다 높게 설정된다. 이러한 단점 때문에 과거 결과를 그대로 활용하기에는 무리가 따른다.

26) 표준원가 운영과 관련된 또 다른 문제점 중에 하나는 주기적인 업데이트가 실무적으로 잘 이루어지지 않는다는 것이다.

따라서 **표준원가를 설정할 때는 바람직하고 능률적인 원가를 원가 요소별로 정의하는 게 필요**한데, 이를 통해 현재 원가가 최선의 원가인지 아니면 비능률적인 요소 등이 포함되어 있는지를 파악할 수 있다는 장점도 있다. 예를 들어 태윤 사장이 지난 5월에 아메리카노를 1,500잔 생산 및 판매했다고 해보자. 그런데 태윤 사장이 원두의 재고를 조사해 보니, 실제 16,000g이 소진되었다. 표준원가를 기준으로 보면 아메리카노 한 잔에 10g의 원두가 소요되기 때문에 15,000g이 소요되어야 하는데 이보다 1,000g이 많이 소요되었다는 것을 알 수 있다. 왜 1,000g의 원두를 더 많이 사용되었는지에 대한 추가적인 분석은 필요하겠지만, 표준 대비 원두를 낭비했다는 사실을 표준원가 도입을 통해 확인할 수 있다. 이처럼 **표준원가계산은 원가 요소별로 표준원가와 실제원가를 분석하여 원가의 낭비요소를 찾아내어 제거하는 경영관리 Tool을 제공하기도 한다는 장점**이 있다.

✦ **재료원가에 대한 표준 원가 및 차이분석 결과** ✦

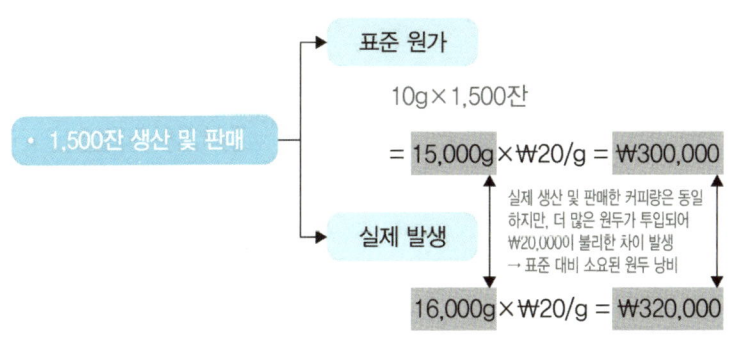

다만, 앞서 이야기한 것처럼 표준원가를 선정하고 주기적으로 업데이트하는 과정, 그리고 표준원가와 실제원가[27]를 분석하는 과정이 실무상으로 여간 복잡한 게 아니기 때문에 호불호가 갈리기는 한다.

---

27) '정상원가계산'과 마찬가지로 재무회계 관점에서는 표준원가와 실제원가의 차이도 결국에는 매출원가 및 재고자산에 배부해야 한다.

돈이 쌓이는 회계

: 사업을 운영하는 사람들을 위한 6가지 관리회계 도구

돈이 쌓이는 회계

: 사업을 운영하는 사람들을 위한 네 번째 관리회계 도구

Part 4

투자를 고민한다면
알아야 할 것들

투자에 대한 결정,
사장의 '감' 아닙니까?

투자에도 회계가 필요한 이유

⚙ 사장은 아무나 하나?

가끔 중소기업을 운영하거나 자영업을 하는 사장님들을 만나면 깜짝 놀라는 경우가 종종 있다. 하나하나 따져보며 계산을 하지 않았는데도, 마치 직접 계산을 해본 것처럼 **자신이 운영하는 사업의 원가구조가 어떻게 구성되는지**를 속속들이 알고 있기 때문이다.

한 번은 신규로 카페 사업을 막 시작했던 사장님과 이야기를 나눈적이 있었는데, 느낌상으로 현재 본전 수준으로 영업이 되고 있으며 제품원가율 또한 25~30%가 발생하는 것 같다고 하였다. 하지만 오픈 시기라 바빠서 실제 결산을 통해 자신의 감이 맞는지 확인하지 못해 답답하다는 이야기였다. 이에 필자가 회사에서 제공해주는 자료를 가지고 간략하게 결산을 정리해보았더니 실제 제품원가율이 25% 정도였으며 손익분기점을 아슬아슬하게 넘기는 수준으로 이익이 발생하고 있다는 것을 확인할 수 있었다.

이처럼 오랫동안 사업을 운영해본 사람들은 - 본인 스스로는 숫자와 친하지 않다고 이야기하지만 – 회계적인 마인드가 몸 안에 내재되어 있는 것 같아 숙연해지는 기분이 들기도 한다. 정말 사장은 아무나 하는 게 아니라는 생각을 하면서….

⚙️ '감'은 주관적일 때가 있다.

하지만 회계적인 마인드가 내재되어 있어 소위 '감'이 좋은 사장님들도 가끔 사업 현황을 오판하는 경우가 있다. 소위 촉이 좋다는 **'감'도 결국은 주관적인 판단이기 때문에 인지적 오류에 빠지기 쉽기 때문이다.** 성공한 경영자나 전문가에게서 두드러지게 나타나는 '확증편향[1]'이 인지적 오류의 대표적인 예인데, 심리학에서 이야기하는 '확증편향'이란 쉽게 이야기하면 자기가 보고 싶은 것만 보고 믿고 싶은 것만 믿는 현상을 의미한다. 그리고 이러한 인지적 오류는 의사결정 시에만 일어나는 것이 아니라 정보를 수집하는 단계에서부터 나타난다고 한다.

앞선 사례에서도 일정시간이 지난 후에 카페 사장님을 다시 만났더니 재미있는 이야기를 들려주었다. 당시 필자에게 제시했던 손익 자료에는 카페에서 발생한 간접원가들이 누락되어 있었다고 한다. 당시에도 간접원가가 누락된 걸 알고 있었지만 기존 경험에 비추어 간접원가가 얼마나 되겠냐며 애써 무시했는데, 실제 간접원가를 모아보니 그 금액이 꽤 컸었다고 한다. 당연히 손익분기점을 겨우 넘겼던 이익은 손실로

---

1) '확증편향'에 빠지는 사람들은 자신의 생각이 사실임을 확인시켜주는 정보에 몰입하고, 자신의 생각에 반하는 정보는 애써 무시하려는 경향이 있다고 한다.

바뀌었으며, 이에 카페 사장님은 충격을 받았다고 한다. 다행히 지금은 손실을 만회하기 위해 매출 증대, 가격 조정 및 원가 절감 등 다양한 방안을 실행 중이라고 하면서 **결산 자료를 제때 챙겨보는 게 중요하다는 사실을 다시 한 번 깨달았다고** 했다.

⚙ '감'은 숫자로 증명되어야 한다.

경영 컨설팅을 하면서 규모가 크든 작든 경영자의 '감'에 대해서는 항상 존경심을 느끼곤 한다. 특히나 한 분야에서 오랫동안 사업을 운영해왔던 경우나 괄목할 만한 성장을 한 경우에는 더욱더 그러하다. 이러한 분들에게 듣는 성공의 노하우 중 하나가 바로 시기적절한 의사결정이라고 하는데, 때로는 부족한 정보에도 불구하고 과감한 결단도 필요하다고 한다. 하지만 사람이 하는 일인지라 항상 '감'에 의존해서 성공만 할 수는 없기 때문에, 자신의 의사결정을 지원해줄 수 있는 수단이 항상 아쉽다고 한다.

즉, 사업에 대한 의사결정이 올바르게 결정되었는지 그리고 진행하고 있는 방향이 맞는지를 판단하기 위해서는 경영자의 '감'은 숫자로 증명될 필요가 있다. 아무리 훌륭한 '감'이라도 **주관적인 요소를** 배제할 수 없기 때문에 이를 **객관적으로 증명할 수 있는 회계라는 '숫자'의 도움을 받아야 한다.** 우리가 투자의사결정과 관련하여 소위 '관리회계'를 알아야 하는 이유가 여기에 있다.

'선택'이라는 순간에
필요 없는 원가가 있다?

관련원가 vs. 비관련원가

⚙ 투자 의사결정을 위한 원가의 분류 :
관련원가 vs. 비관련원가

투자와 관련된 의사결정을 잘 하기 위해서는 다양한 정보가 필요하기 마련인데, 회계 정보 또한 중요한 정보 중에 하나이다. 사실 회계의 존재 이유 또한 경영자의 의사결정에 도움이 되는 정보를 제공하는 것이 주목적 중 하나이다. 다만 투자의사결정과 관련해서는 우리가 익히 알고 있는 재무회계라는 사고의 틀에서 벗어나야 한다.

이렇게 이야기하면 헷갈릴 수도 있겠지만, '재무회계'는 과거에 발생한 거래를 기록하는 데에 초점이 맞춰져 있다. 따라서 재무회계 정보만 이용한다면 과거에 기록된 수치를 통해 경영자의 의사결정에 도움을 주기 위한 재무정보를 산출하게 된다. 하지만 **투자의사결정은 미래와 관련되어 있기 때문에 '재무회계'에서 이야기하는 기록된 '과거'의 재무정보에 한정되어서는 안 된다.**

투자의사결정에 활용하기 위해서는 원가를 '관련원가'와 '비관련원가'로 구분하고, '기회원가'라는 개념을 별도로 고려해야 한다. 예를 들어, 카페를 운영하고 있는 태윤 사장이 매출을 늘리기 위해 인테리어를 보수할지 아니면 에스프레소머신을 최신기기로 교체할지 고민이라고 해보자. 이때 이미 설치한 인테리어에 들어간 지출이나 이미 구입한 에스프레소머신의 원가는 투자의사결정 관점에서 고려대상이 아니다. 태윤 사장이 고민 중인 인테리어 보수나 에스프레소머신 교체라는 의사결정에는 전혀 영향을 미치지 않기 때문이다. 이처럼 이미 과거에 발생했기 때문에 장부에 기록되지만, **투자의사결정 과정에서는 포함되어서는 안 되는 원가를 '비관련원가'**라고 하는데, 그 대표적인 예가 경제학에서 자주 이야기되는 '매몰원가(Sunk Cost)'와 유사하다. 매몰원가는 과거에 이미 발생했기 때문에 미래에 어떤 의사결정을 하든 되돌릴 수 없다는 특징이 있다.

'비관련원가'의 정의에 비추어 보면 의사결정에 영향을 미치는 원가가 바로 '관련원가'인데, **관련원가는 ① 미래에 발생될 원가를 의미하며, ② 다양한 의사결정 대안 간에 차이가 있어야 한다**는 특징이 있다. '미래원가'라는 점에서 앞에서 언급한 매몰원가는 '관련원가'가 될 수 없으며, 의사결정 대안이 하나뿐이라면 선택의 여지가 없기 때문에 '관련원가'와 '비관련원가'의 구분은 무의미해진다. 또한 '관련원가'는 미래에 발생이 예상되는 모든 원가를 고려해야 하는데, 에스프레소머신을 교체하기로 결정한 경우에는 기존 에스프레소머신을 중고시장에 판매할 경우에 발생 가능한 예상 수입, 신규 에스프레소머신 사용에 따른 예상 전기료 절감비용 등 다양한 원가를 고려해야 경영진의 올바른 의사결정을 지원할 수 있다.

⚙ 장부에 기록되지 않는 원가, 기회원가

'관련원가' 중에 추가적으로 고려해야 할 개념 중 하나가 바로 '기회원가'이다. **'기회원가'란 여러 대안 중에 하나의 안을 선택하는 경우에, 포기하게 되는 차선의 대안에서 얻을 수 있는 이익 또는 발생되는 원가**를 의미한다. 만약 동일한 매출 증가가 기대된다는 전제하에 인테리어 보수에 천오백만 원이 예상되고, 에스프레소머신 구입에 천만 원이 예상된다면, 태윤 사장이 에스프레소머신을 교체하는 것은 당연하지 않을까? 이때 포기한 인테리어 보수에 들어가기로 예상되는 천오백만 원이 '기회원가'에 해당된다.

'기회원가'의 특징은 회계 관점에서 보면 장부에 기록되지 않은 가상의 원가라는 데에 있다. 사례처럼 에스프레소머신을 구입하기 위해 포기한 인테리어 보수로 예상되는 원가는 실제 발생하지 않을 지출이기 때문에 재무회계 관점[2]에서는 놓치기 쉬운 개념이다. 하지만 의사결정 과정에서는 여러 대안에 대한 기회비용을 알아야 최적의 안을 선택할 수 있기 때문에 중요한 개념 중 하나이다. 그리고 **기회원가가 발생하는 이유는 유한한 자원의 활용이라는 현실적인 문제 때문**에 발생한다. 만약 태윤 사장이 자금이 충분해서 인테리어 보수도 하고 에스프레소머신도 새로 구입할 수 있다면 둘 다 하면 그만이다. 하지만 현실적으로 투자할 수 있는 자금이 한정되어 있기 때문에 '기회원가'가 발생하기 마련이다.

---

[2] 거듭 강조해서 이야기하지만 재무회계에서는 실제 발생된 지출만 거래로 기록한다.

⚙ 잘못된 투자의사결정에 대한 사례는 자주 발생한다.

여기까지 이야기를 들어보면 '관련원가'와 '비관련원가'를 구분하는 게 어려워 보이지 않을 수도 있어 보이지만, **현실에서 이루어지는 의사결정에는 이러한 오류들을 쉽게 찾아볼 수 있다. 이미 투자한 금액이 아까워 '비관련원가'임에도 투자의사결정에 포함시키기 때문이다.** 기업에서 진행하는 대규모 프로젝트의 경우 실패했다는 이야기를 접하기는 쉽지 않는데, 프로젝트 실패에 따른 책임소재로 부담감이 크기 때문에 누가 봐도 실패가 명백한 경우에도 해당 프로젝트를 지속하는 경우를 종종 목격하게 된다. "○○ 프로젝트 고도화"나 "차세대 ○○ 프로젝트"라는 명목으로 말이다.

잘못된 투자의사결정으로 가장 유명한 사례로 '콩코드의 오류'와 '코닥의 몰락'을 들 수 있다. 1962년 프랑스와 영국이 합작하여 초음속 여객기를 개발하기로 했다. 개발 도중 많은 학자들이 콩코드 여객기의 경제성에 의문을 제기했지만, 1976년 마침내 콩코드 여객기를 완성했다. 하지만 이 콩코드 여객기는 많은 학자들이 경고했던 것처럼 경제성이 떨어져 지속적인 적자를 기록했고 비행기 결함도 자주 발생했다. 그럼에도 불구하고 프랑스와 영국은 2003년 콩코드 여객기의 폭발 사고가 발생하기 전까지 '울며 겨자 먹기'식으로 사업을 계속 유지했는데, 천문학적으로 투입된 비용과 정부에서 실패를 인정해야 하는 부담감 때문에 2000년대까지 지속할 수밖에 없었다. 이렇게 잘못된 결정을 인정하지 않고 정당화하기 위해 밀고 나가는 행동을 '콩코드의 오류'라고 부르는 이유이기도 하다.

'코닥'이라는 회사 또한 '디지털 카메라' 시장이 확대되기 전까지 '필름 카메라' 시장을 주름잡던 세계적인 회사였다. 역설적이게도 코닥은 향후에 디지털 카메라가 대세가 될 것을 감지하고 누구보다 먼저 디지털 카메라와 관련된 기술을 개발했다고 한다. 하지만 기존 '필름 카메라' 시장에 투자한 금액이 너무 컸고 당장에 주어지는 수익에 안주했기 때문에 '디지털 카메라' 기술을 활용하는 데 주저하였고 결국 몰락하게 되었다.

이렇듯 현실의 경영환경에서도 잘못된 의사결정은 쉽게 찾아 볼 수 있다. 여기서는 '관련원가', '비관련원가' 및 '기회원가'에 대한 개념을 이해하는 데 집중하고, 별도의 주제로 투자의사결정의 다양한 사례를 다루기로 하자.

03

얼마에
팔아야 할까?

이익은 판매량과 가격의 조합

⚙ 판매가격을 결정하는 회계적 고려사항

앞서 간략하게 언급한 적이 있지만, **제품가격을 결정하는 것은 중요한 문제**이다. 한 번 결정된 제품가격은 쉽게 바꿀 수 없으며, 제품가격의 변경은 판매량에도 큰 영향을 미치기 때문이다. 또한 제품가격은 브랜드나 제품 이미지 등 질적인 요소와도 연관되어있기 때문에 신중하게 결정해야 한다.

제품가격을 결정하기 위해서는 **정확한 원가구조를 이해하는 것은 필수적**이다. 최소한 공헌이익, 즉 변동원가와 고정원가를 회수할 수 있는 수준의 수익을 유지해야 사업을 지속할 수 있기 때문인데, 이때 원가는 제조원가가 아닌 총원가를 기준으로 살펴봐야 한다는 사실에도 주의해야 한다.

또한 판매가격을 결정하기 위해서는 제품에 대한 **예상 판매량을 사전에 점검하는 것도 필요**하다. 가격을 낮춰 많이 파는 '다다익선 전략'도 중요할 수 있지만, 때로는 명품 브랜드에서 활용하는 '고가 전략'이

총이익에는 더 효과적일 수 있기 때문이다.

2020년 발생한 COVID 19 사태로 세계 경제가 휘청거렸었다. 명품 브랜드 또한 이러한 문제에 자유로울 수가 없었는데, 초반의 위기를 극복하고 명품 수요가 증가하자마자 명품 회사의 전략은 가격인상이었다. 그리고 지속적인 가격인상을 예고하기도 하면서 소비자들의 구매의욕을 더욱더 자극한 결과, 위기에도 불구하고 이익이 개선되는 효과를 누리기도 하였다.

✦ 2020년 명품 브랜드 업체의 손익계산서 현황 ✦

(단위 : 십억 원)

	루이뷔통 코리아		샤넬 코리아		에르메스 코리아	
	2020년	2019년	2020년	2019년	2020년	2019년
매출액	1,047	785	930	1,064	419	362
매출원가	712	561	468	633	191	162
매출총이익	335	224	461	431	229	199
판매비와관리비	183	169	312	320	95	84
영업이익	152	55	149	111	133	115
영업외수익	1	1	11	10	2	1
영업외비용	2	1	18	14	1	1
법인세차감전순이익	150	55	142	107	134	116
법인세비용	80	37	36	26	35	30
당기순이익	70	18	107	81	99	85

2020년 COVID 19 사태로 일정기간 매장문을 닫았음에도 불구하고 2019년 대비 명품 브랜드 회사의 매출이 늘거나 비슷했다. 또한 영업이익이나 당기순이익은 2019년 대비 증가하였다. 판매가격을 인상했음에도 불구하고 말이다.

코로나와 보복소비! 샤넬, 루이비통, 티파니, 불가리 가격 인상 불렀나?

최근 황금연휴를 기점으로 코로나 바이러스로 인해 억눌렸던 소비가 분출되면서 이를 노린 해외 명품 브랜드들의 가격 인상과 인상 전에 제품을 사려는 쇼핑객들의 오픈런까지 발생하는 등 진풍경이 벌어지고 있다.

↑사진＝13일 오전 롯데백화점 본점 명품관 앞 샤넬 매장 입장 대기 고객

또, 「루이비통」도 지난 5월 일부 핸드백 제품 가격을 5~6%가량 인상했다. 핸드백 외 의류, 액세서리 소품 등의 가격도 올렸는데 인상률은 최대 10%에 달한다.

핸드백 중 모노그램 스피디 반둘리에 30과 반둘리에 35는 5%씩 인상돼 각각 204만원, 207만원에 판매된다. 미니 도핀과 온더고 MM도 가격이 각각 5%, 6%가량 인상됐다.

국내에서 코로나 바이러스 감염병(코로나19)이 한창이던 지난 3월 4일에도 거의 모든 제품의 가격을 3~4% 인상했던 「루이비통」은 지난해 11월 15일에도 가격을 인상한 바 있다. 「루이비통」은 최근 6개월 만에 무려 가격을 3번 인상했다.

패션엔 허유형 기자
fashionn@fashionn.com

많은 명품 브랜드가 일반적인 흐름과는 달리 '판매가격'을 인상했음에도 불구하고 제품 수요는 더 늘어났다.

⚙ 제품 가격의 결정은 예상 판매량과 함께…

이렇듯 제품 가격의 결정은 예상 판매량과 함께 고려되어야 한다. 사업의 가장 중요한 목적 중 하나가 이익 극대화이기 때문이다. 이를 위해서는 **공헌이익계산서[3]를 적극 활용할 필요**가 있는데, 간단한 사례를 통해 살펴보자.

카페 운영을 시작하는 태윤 사장은 아메리카노 가격을 얼마로 해야 할지 고민이다. 주변 시세를 확인해보니 한 잔당 부가세를 제외하고 2,500원부터 3,500원 사이에서 다양하게 가격을 설정하고 있다. 이에 태윤 사장은 많이 팔기 위해 2,500원으로 가격을 설정하면 그만큼 마진이 적게 남을 것 같고, 3,500원으로 책정하면 고급 커피라는 이미지 구축을 위한 광고비 등으로 월 500,000원이 더 발생하지만 판매량은 더 적을 것 같다. 이에 자세한 분석을 위해 원가구조를 조금 더 살펴보니, 변동원가로는 한 잔당 1,000원의 원두 재료비가 발생한다. 그리고 월 임차료는 1,000,000원이 발생하며 바리스타 인건비로는 750,000원 및 기타 고정원가로 150,000원이 발생한다. 이때 월 판매량을 예상해보니, 아메리카노 가격을 2,500원, 3,000원 및 3,500원으로 책정했을 경우에 예상 판매수량은 각각 3,000잔, 2,800잔 및 2,400잔으로 추정된다고 하자. 태윤 사장은 아메리카노 가격을 얼마로 하면 좋을까?

단위당 공헌이익만 따진다면 가장 비싼 한 잔당 3,500원으로 가격을 책정하는 것이 좋아 보인다. 하지만 일반적으로는 가격이 비쌀수록 판매량은 줄어들기 마련[4]이므로 한 잔당 2,500원으로 책정한다면 판매량이 제일 많을 것 같다. 이를 정확히 확인하기 위해 공헌이익 계산서를 살펴보면 한 잔당 2,500원, 3,000원 및 3,500원으로 책정했을 경우

---

3) '공헌이익계산서'는 전통적인 재무회계의 손익계산서가 아니라 총원가를 변동원가와 고정원가로 분류하여 작성하는 관리회계 목적의 손익계산서로 'Part 2'에서 소개한 바 있다.
4) 앞서 명품 브랜드 회사의 사례를 살펴보았듯이, 가격이 높다고 판매량이 줄어드는 것만은 아니다. 여기서는 커피에 대한 가격탄력성이 높다는 가정하에 사례를 기술하였다.

영업이익은 각각 2,600,000원, 3,700,000원 및 3,600,000원이 발생
한다. 즉, 3,000원으로 가격을 책정했을 경우에 태윤 사장이 예상하는
판매량 대비 가장 높은 영업이익을 얻을 수 있다는 계산이 나온다.

✦ 예상 판매량 및 판매가격에 따른 공헌이익 계산서 ✦

	공헌이익 계산서		
	1안	2안	3안
매출	7,500,000	8,400,000	8,400,000
판매가격	₩2,500/잔	₩3,000/잔	₩3,500/잔
매출수량	3,000잔/월	2,800잔/월	2,400잔/월
매출액	7,500,000	8,400,000	8,400,000
변동원가	3,000,000	2,800,000	2,400,000
변동제조원가 ₩1,000/잔	3,000,000	2,800,000	2,400,000
공헌이익	4,500,000	5,600,000	6,000,000
고정원가	1,900,000	1,900,000	2,400,000
임차료 1,000,000/월	1,000,000	1,000,000	1,000,000
바리스타 인건비 750,000/월	750,000	750,000	750,000
기타고정비 150,000/월	150,000	150,000	150,000
추가 광고비 500,000/월			500,000
영업이익	2,600,000	3,700,000	3,600,000
단위공 공헌이익	₩1,500/잔	₩2,000/잔	₩2,500/잔
고정원가	1,900,000/월	1,900,000/월	2,400,000/월
BEP판매량=고정원가/단위당 공헌이익	1,267잔/월	950잔/월	960잔/월

판매가격의 결정은 단위당
마진이 아닌 총이익을
극대화하는 방향으로
결정되어야 한다. 따라서,
판매가격을 결정하기 위해서는
판매량 예측이 필수적이다.

이처럼 단순히 예상 판매량이 많은 순이나 단위당 공헌이익이 높은
순으로 판매가격을 결정하기보다 전체적인 관점에서 **이익을 최대화할
수 있는 방향으로** 판매가격을 결정하기 위해서는 회계정보를 제대로
활용할 필요가 있다.

판매량에 따라
가격을 다르게 설정하라고?

특별주문의 수락

⚙ 특별주문은 변동원가 기준으로⋯

앞서 판매가격은 변동원가뿐만 아니라 고정원가가 포함된 총원가 이상으로 책정하는 것이 좋다고 이야기하였다. 하지만 경우에 따라서 **특별주문이 들어온다면 총원가가 아니라 공헌이익이 '0' 이상인, 변동원가보다 큰 금액 기준 - 변동원가를 회수할 수 있는 수준 - 으로 판매가격을 별도로 협의할 수도 있다.** 일반적으로 특별주문은 고정원가가 추가로 발생하지 않기 때문에, 변동원가 이상으로만 판매하여도 순이익은 늘어나기 때문이다. 다만 특별주문으로 인해 소비자들에게 기존에 판매한 제품 가격이 비싸다는 인상을 주어서는 안 된다.

따라서 특별주문을 수락할지 말지를 검토할 때는 굳이 공헌이익계산서를 각각 작성할 필요 없이 특별주문 수락에 따라 발생하는 '증분원가'만을 고려하면 된다. 이때 **주의할 점은 특별주문을 수락하기 위해서는 여유생산능력이 충분한지를 확인해야 하는 점도** 놓치지 말아야 하는데, 여유생산능력이 부족하다면 이에 따른 '기회원가'가 발생하기 때문이다. 간단한 사례를 통해 살펴보자.

카페를 운영하고 있는 태윤 사장은 근처에 새 사무실이 들어서자 내심 매출이 늘지 않을까 기대가 컸다. 아니나 다를까 새 사무실에서 복지차원으로 매일 아침 직원들에게 아메리카노를 제공하기로 했다며 태윤 사장에게 특별주문에 대한 제안을 해왔다. 제안 내용은 매일 30잔의 아메리카노를 주문할 테니 직원들에게 오전 9시까지 50% 할인된 1,500원으로 제공해줄 수 있느냐는 거였다. 간단하게 생각해보면 아메리카노와 관련된 변동원가는 잔당 1,000원이었기에 큰 문제는 없을 것 같다. 하지만 직원들의 말을 들어보니 평소 아침 9시까지 카페에서는 최대 50잔의 커피를 만들 수 있는데, 평소에도 30잔 정도가 판매되고 있었다는 점이다. 즉, 새 사무실의 특별주문을 수락하면 3,000원에 팔고 있던 기존 주문을 일부 포기해야 한다. 태윤 사장은 이 제안을 받아들여야 할까?

☀ 여유가 있는지를 확인하라!!!

태윤 사장이 받은 특별주문 제안의 가격은 한 잔당 1,500원으로 잔당 1,000원인 변동원가보다 크다는 점에서는 긍정적이다. 하지만 여유생산능력이 충분하지 않기 때문에 기회원가를 고려해야 한다. 9시 이전까지는 인력을 추가하지 않고 만들 수 있는 생산수량이 총 50잔인데, 기존 소비자에게 판매되는 30잔과 특별주문으로 판매할 30잔을 합치면 총 60잔이 된다. **특별주문을 수락하게 되면 기존 소비자에게 팔**

수 있는 10잔을 팔 수 없는데, 이에 따른 기회원가가 발생할 수밖에 없다.

따라서 특별주문으로 증가되는 수익은 특별주문에 따른 30잔을 1,500원에 판매하는 것에서 기존 소비자에게 팔 수 있는 10잔을 3,000원에 못 팔게 되는 매출을 차감해서 계산해야 되며, 계산을 해보면 15,000원의 증분수익이 발생하게 된다. 그리고 증분원가는 기존에 아메리카노 30잔을 생산하다가 추가로 20잔[5]을 더 생산해야 하므로 20,000원의 증분원가가 발생하게 된다. 결국 특별주문을 수락하게 되면 증분손실이 5,000원이 발생하게 되므로 태윤 사장은 이 제안을 거절하는 것이 카페순이익에는 더 효과적이라고 할 수 있다.

✦ 특별주문에 따른 증분손익 ✦

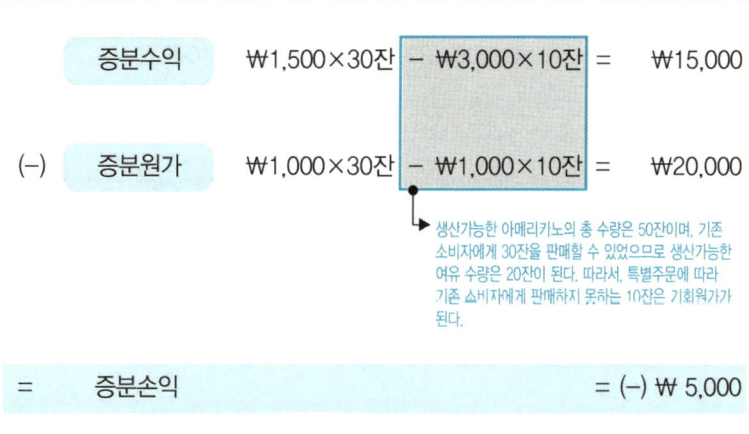

증분수익	₩1,500×30잔	− ₩3,000×10잔 =	₩15,000
(−) 증분원가	₩1,000×30잔	− ₩1,000×10잔 =	₩20,000

생산가능한 아메리키노의 총 수량은 50잔이며, 기존 소비자에게 30잔을 판매할 수 있었으므로 생산가능한 여유 수량은 20잔이 된다. 따라서, 특별주문에 따라 기존 소비자에게 판매하지 못하는 10잔은 기회원가가 된다.

= 증분손익   = (−) ₩ 5,000

---

5) 증분수익과 동일하게 특별주문으로 인한 30잔의 증가와 기존 소비자에게 못 팔게 되는 10잔의 감소로 총 20잔을 추가 생산되며, 변동원가는 한 잔당 1,000원으로 동일하다.

즉, **특별주문을 수락할지 여부를 검토하기 위해서는** 공헌이익뿐만 아니라 기존 생산능력에 여유가 있는지 아니면 **포기해야 할 기회원가가 있는지를 면밀히 검토하는 것이 중요**하다.

반면에 태윤 사장이 해당 특별주문에 대하여 판매가격을 제안할 수 있다면 최소한 얼마 이상으로 제안하는 것이 좋을까? 특별주문으로 30 잔을 판매하기 위해서는 기존 소비자에게 못 팔게 되는 1잔에 3,000원 하는 10잔과 추가 생산에 따른 1잔에 1,000원 하는 20잔의 증분원가를 보전할 수 있어야 한다. 이렇게 계산된 결과, 한 잔당 최소 1,667원 이상을 받아야 태윤 사장은 추가이익을 얻을 수 있다.

✦ 특별주문을 수락하기 위한 최소 판매가격 ✦

최소 판매가격	₩P×30잔	− ₩3,000×10잔	⟶ 증분수익
=	₩1,000×30잔	− ₩1,000×10잔	⟶ 증분원가
최소 판매가격	**= ₩1,667/잔**		

⚙ 변동원가도 고려할 필요가 없는 경우도 있다!?

생산능력에 충분한 여유가 있다면 변동원가 이상으로 팔게 되면 이익이 나는 것이 일반적이다. 그리고 생산능력에 충분한 여유가 없다면 변동원가에 기회원가를 추가로 고려하여 이익이 발생하도록 의사결정을 할 필요가 있다.

하지만 **극단적인 경우에는 변동원가 이하로도 제품가격을 결정**할 수 있는데, 해당 사업을 중단해야 할 경우 또는 유통기한이 얼마 남지 않은 재고자산을 처분해야 할 경우 등이다. 폐업을 하거나 유통기한이 지난 재고자산은 폐기되는 경우가 일반적이다. 따라서 이때는 제품을 판매하기 위해 생산한 제조원가는 더 이상 고려요소가 아니다. 즉, 관련원가도 아니며 증분원가에 해당하지도 않는다. 이런 경우에는 1원이라도 건질 수 있다면 재고자산을 판매하는 것이 회사의 손실을 적게 하는 방안이다. **경영의사결정과 관련된 회계정보는 상황에 따라 다르게 활용되어야 한다.**

광고를
할까? 말까?

고정원가 효과에 대한 손익분석 하기

✿ 광고하는 데에도 손익분석!!!

회사에 다니다 보면 예산을 관리하는 부서에 대한 불만을 여기저기서 자주 듣게 된다. 일을 하다 보면 투자가 필요할 때가 있는데, 예산관리부서[6] 또는 회계부서에서 이런저런 이유를 대며 투자기안을 되돌려 보내는 일이 많기 때문이다.

하지만 실제 예산관리부서 또는 회계부서에서도 나름의 고충이 있다. **투자의 결과는 회사의 손익과 연결되어야** 하는데, 투자기안을 보면 하나같이 돈을 얼마나 쓰겠다는 이야기만 나열되어 있지 해당 투자를 통해서 얼마만큼의 이익이 발생할지에 대한 이야기는 '뜬구름 잡기'식으로 기술되어 있거나 아예 기술되어 있지 않은 경우가 허다하기 때문이다. 문제는 이러한 투자에 대한 설득 또는 투자 결과에 대한 책임은

---

6) 기업의 규모가 커질수록 예산관리에 대한 중요성도 증가한다. 따라서 기업의 규모가 작을 때는 회계부서에서 이런저런 업무를 도맡아 하기도 하지만 기업의 규모가 커질수록 예산을 담당하는 부서를 별도로 운영하기도 한다.

예산관리부서나 회계부서의 책임으로 연결될 수 있기 때문에 여간 부담스럽지 않다는 점이다.

개인이 사업이나 장사를 할 때도 유사하다. 하다못해 매출을 늘리기 위해 광고를 하더라도 해당 광고를 통해 돈을 벌 수 있는지 그리고 **얼마나 벌 수 있는지 확신이 서지 않기 때문에** 사업을 책임지는 대표 입장에서는 투자 여부를 고민할 때마다 머리가 아플 지경이다. 이럴 때 '**손익분기점**'과 '**공헌이익**'이라는 개념을 잘 **활용한다면** 이러한 **의사결정에 많은 도움이 될 수 있다.** 간단한 사례를 통해 확인해보자.

⚙ 광고 제안이 온다면…

카페를 운영하는 태윤 사장은 아메리카노 메뉴 하나만 부가세를 제외하고 3,000원에 팔고 있다. 한 달 평균 8,000잔이 팔리고 있으며, 제조원가를 계산해보니 한 잔당 800원의 변동제조원가가 발생하고 월 10,000,000원의 고정제조원가가 발생한다고 한다. 그리고 판매관리원가로는 한 잔당 200원의 변동판매관리원가와 월 5,000,000원의 고정판매관리원가가 발생한다. 따라서 평균적으로 한 달간 영업이익은 총 1,000,000원이 발생한다.

		제안 전 손익구조
매출		24,000,000
매출수량		8,000/월
매출액	₩3,000/잔	24,000,000
제조원가		(16,400,000)
변동제조원가	₩800/잔	(6,400,000)
고정제조원가	10,000,000/월	(10,000,000)
매출총이익		7,600,000
판매관리원가		(6,600,000)
변동판매관리원가	₩200/잔	(1,600,000)
고정판매관리원가	5,000,000/월	(5,000,000)
영업이익		1,000,000

이 와중에 광고대행사가 찾아와서 한 달에 아메리카노의 판매량을 현재 판매수준인 8,000잔에서 10,000잔 이상으로 늘려줄 테니 광고를 하는 게 어떠냐는 제안을 해왔다. 그리고 광고선전비로 3,000,000원을 계약하자고 요청해왔다. 태윤이는 매출을 늘리기 위해서 요청 받은 계약을 체결하는 게 맞을까? 그리고 계약 체결을 검토하기 위해 손익분석을 어떻게 하면 좋을까?

태윤 사장이 해당 계약을 체결할지 말지를 결정하기 위해서는 제일 먼저 손익분기점 판매량을 다시 확인해볼 필요가 있다. 광고선전비라는 **고정원가가 추가되었기 때문에 손익분기점 판매량도 변경될 수 있기 때문**이다. 즉, 기존 15,000,000원의 총고정원가에서 3,000,000의 광고선전비라는 고정원가가 추가되어 총고정원가는 18,000,000원으로 변경된다. 하지만 단위당 변동원가는 1,000원이고 단위당 판매가격은

3,000원으로 단위당 공헌이익은 2,000원으로 기존과 동일하다. 그리고 광고선전비를 도입한 손익분기점 판매량은 총고정원가를 단위당 공헌이익으로 나눈 9,000잔이 된다. 따라서 기존에 8,000잔에 추가로 2,000잔을 판매하면 총 10,000잔 이상[7]을 판매할 수 있기 때문에 광고선전비를 도입한 후에도 9,000잔에 해당하는 손익분기점 판매량을 넘기 때문에 광고선전비를 도입해볼 만하다.

✦ 광고선전비 도입 전 및 도입 후의 손익분기점 판매량 ✦

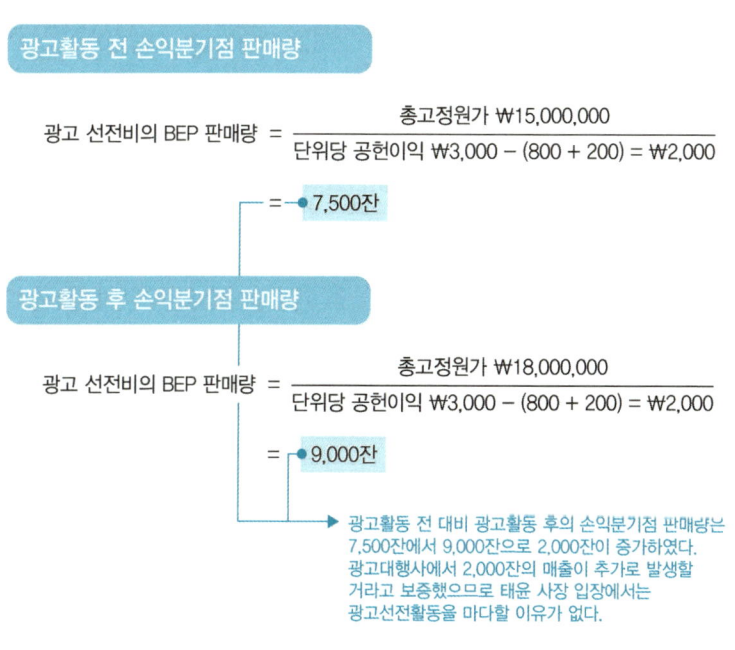

광고활동 전 손익분기점 판매량

$$광고\ 선전비의\ BEP\ 판매량\ = \frac{총고정원가\ ₩15,000,000}{단위당\ 공헌이익\ ₩3,000 - (800 + 200) = ₩2,000}$$

$$= 7,500잔$$

광고활동 후 손익분기점 판매량

$$광고\ 선전비의\ BEP\ 판매량\ = \frac{총고정원가\ ₩18,000,000}{단위당\ 공헌이익\ ₩3,000 - (800 + 200) = ₩2,000}$$

$$= 9,000잔$$

광고활동 전 대비 광고활동 후의 손익분기점 판매량은 7,500잔에서 9,000잔으로 2,000잔이 증가하였다. 광고대행사에서 2,000잔의 매출이 추가로 발생할 거라고 보증했으므로 태윤 사장 입장에서는 광고선전활동을 마다할 이유가 없다.

---

7) 사례에서 광고대행사는 최소 월 2,000잔 이상 판매를 약속했다.

이를 조금 더 간편하게 분석해보자면, 추가된 3,000,000원의 광고선전비라는 고정원가를 단위당 공헌이익 2,000원으로 나누어 봐도 된다. 이렇게 계산해보면, **추가 고정원가를 보전하기 위한 손익분기점판매량의 증가분은 1,500잔인데, 이 1,500잔이 바로 광고대행사에게 태윤 사장이 요구할 최소한의 매출 증대 효과라고 볼 수 있다.** 1,500잔 이상으로 커피 매출이 추가로 증대된다면, 그 이후부터는 광고선전비를 지출했음에도 불구하고 광고대행사를 이용하기 전보다 순이익이 증가하기 때문이다. 실제 3,000,000원의 광고선전비 추가 지출에 따라 2,000잔의 커피가 추가로 판매되면 카페의 순이익은 1,000,000원에서 2,000,000원으로 증대된다.

✦ 광고선전비 지출에 대한 증분 효과 및 카페 손익계산서 ✦

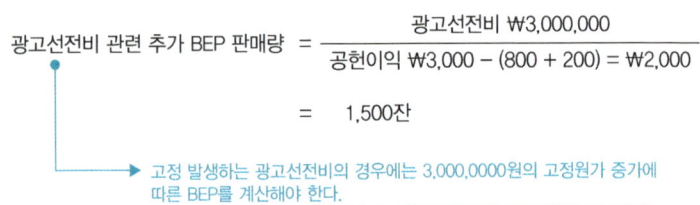

광고선전비를 통한 광고 활동

$$\text{광고선전비 관련 추가 BEP 판매량} = \frac{\text{광고선전비 ₩3,000,000}}{\text{공헌이익 ₩3,000} - (800 + 200) = ₩2,000}$$

$$= \quad 1,500잔$$

고정 발생하는 광고선전비의 경우에는 3,000,0000원의 고정원가 증가에 따른 BEP를 계산해야 한다.
즉, 3,000,000원의 고정원가에서 단위당 공헌이익 2,000원을 나누면 약 1,500잔에 대한 판매가 보장되어야 광고선전비를 추가할지라도 기존의 1,000,000원의 이익 이상을 보전할 수 있게 된다.

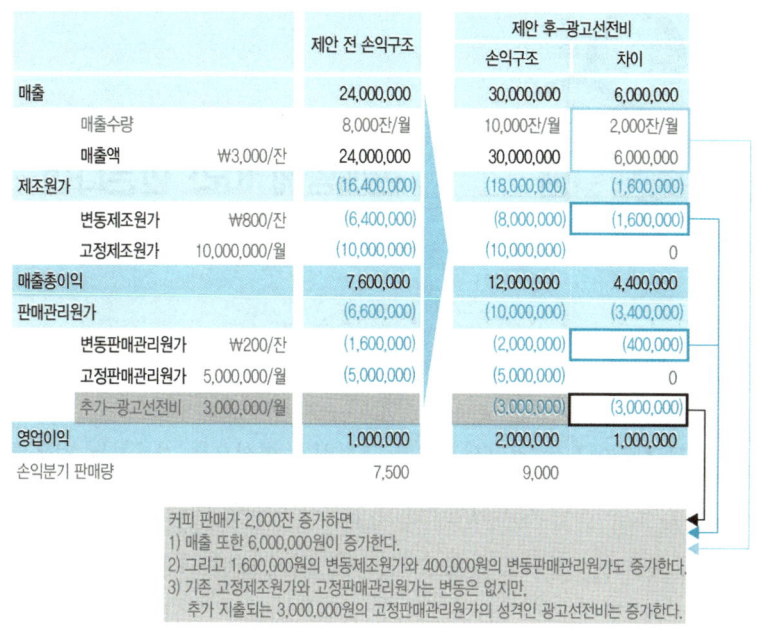

		제안 전 손익구조	제안 후-광고선전비	
			손익구조	차이
매출		24,000,000	30,000,000	6,000,000
	매출수량	8,000잔/월	10,000잔/월	2,000잔/월
	매출액 ₩3,000/잔	24,000,000	30,000,000	6,000,000
제조원가		(16,400,000)	(18,000,000)	(1,600,000)
	변동제조원가 ₩800/잔	(6,400,000)	(8,000,000)	(1,600,000)
	고정제조원가 10,000,000/월	(10,000,000)	(10,000,000)	0
매출총이익		7,600,000	12,000,000	4,400,000
판매관리원가		(6,600,000)	(10,000,000)	(3,400,000)
	변동판매관리원가 ₩200/잔	(1,600,000)	(2,000,000)	(400,000)
	고정판매관리원가 5,000,000/월	(5,000,000)	(5,000,000)	0
	추가-광고선전비 3,000,000/월		(3,000,000)	(3,000,000)
영업이익		1,000,000	2,000,000	1,000,000
손익분기 판매량		7,500	9,000	

커피 판매가 2,000잔 증가하면
1) 매출 또한 6,000,000원이 증가한다.
2) 그리고 1,600,000원의 변동제조원가와 400,000원의 변동판매관리원가도 증가한다.
3) 기존 고정제조원가와 고정판매관리원가는 변동은 없지만,
   추가 지출되는 3,000,000원의 고정판매관리원가의 성격인 광고선전비는 증가한다.

광고선전비를
판매량에 따라 받는다면…

⚙ 광고선전비를 수수료 형식으로 준다면 어떨까?

앞선 사례에서는 광고선전비를 고정원가 형식으로 지불하는 경우를 가정하였다. 하지만 광고선전비를 고정원가 형식이 아니라 변동원가 형식으로 제안하는 경우도 있을 수 있는데, 이에 대한 사례를 살펴보도록 하자.

일전에 찾아온 광고대행사에서 태윤 사장이 광고에 대한 제안에 머뭇거리자 8,000잔 이상 판매된 판매량을 기준으로 매출액의 20%를 수수료로 지불하는 것은 어떠냐는 추가 제안을 해왔다. 태윤 사장은 이 제안을 받아들이는 게 맞을까? 만약 제안을 받아들인다면, 3,000,000원을 일시불로 지불하는 제안과 매출액의 20%의 수수료를 지불하는 제안 중에 어떤 제안을 받아들이는 것이 좋을까?

앞에서 분석한 방법과 마찬가지로 변경된 계약에 따른 손익분기점 판매량을 다시 계산해보자. 다만 앞서 일시불로 광고선전비를 지불하는 경우와는 달리 손익분기점 판매량은 기존과 변화가 없다. '판매수수료 계약'은 총고정원가에는 변화가 없으며, 해당 계약을 맺기 전에 이미 7,500잔이라는 손익분기점 판매량을 초과한 8,000잔을 판매하고 있기 때문이다.

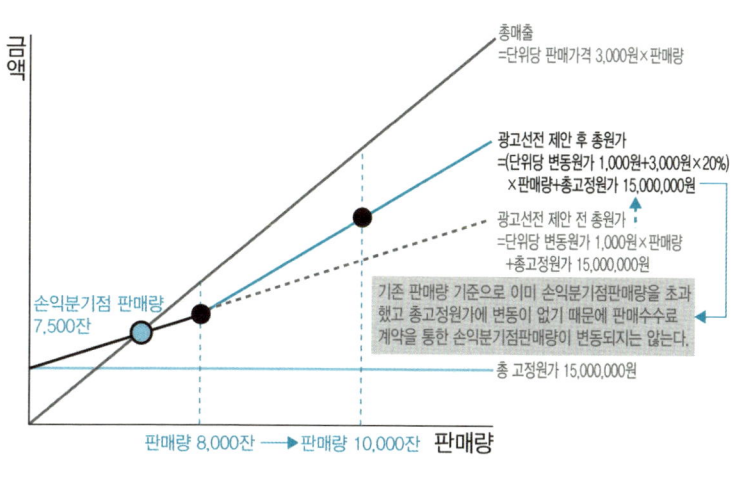

✦ 광고선전비 도입 전 및 도입 후의 손익분기점 판매량 ✦

금액

총매출
=단위당 판매가격 3,000원×판매량

광고선전 제안 후 총원가
=(단위당 변동원가 1,000원+3,000원×20%)
×판매량+총고정원가 15,000,000원

광고선전 제안 전 총원가
=단위당 변동원가 1,000원×판매량
+총고정원가 15,000,000원

기존 판매량 기준으로 이미 손익분기점판매량을 초과했고 총고정원가에 변동이 없기 때문에 판매수수료 계약을 통한 손익분기점판매량이 변동되지는 않는다.

손익분기점 판매량
7,500잔

총 고정원가 15,000,000원

판매량 8,000잔 ── 판매량 10,000잔   **판매량**

따라서 8,000잔을 초과하는 시점부터 추가 계약에 따른 단위당 공헌이익이 '0'원 이상이라면 해당 계약을 마다할 이유는 없어 보인다. 추가 판매가 될 때마다 순이익은 증가하기 때문이다.

이를 조금 더 간편하게 분석해보면, 추가되는 판매수수료는 한 잔당 600원[8]으로 단위당 공헌이익이 기존 2,000원에서 1,400원으로 바뀌게 된다. 하지만 앞서 이야기한 것처럼 광고효과로 추가판매가 가능하고 공헌이익이 '0' 이상이므로, 한 잔 이상 추가 판매가 가능하다고 하면 해당 제안을 거절할 이유가 없다. 실제로 10,000잔 이상 판매량에 대하여 한 잔당 600원의 판매수수료를 지출하게 될지라도, 3,000잔의 커피가 추가로 판매되면 카페의 순이익은 1,000,000원에서 3,800,000원으로 증대된다.

---

8) 단위당 매출액 3,000원 × 단위당 판매수수료율 20%

판매수수료를 통한 광고 활동

공헌이익 ₩3,000 − (800 + 200) = ₩2,000 − 판매수수료 ₩3,000 × 20% = ₩600 > 0

기존 공헌이익   판매수수료에 따른 비용 증가

추가 판매량이 증가할수록 단위당 600원의 원가가 추가로 발생하지만,
추가 판매량에 대한 공헌이익 또한 기존 단위당 공헌이익 2,000원에서 600원을
차감한 1,400원이므로 판매수수료를 지불하는 한이 있어도 판매를 하는 것이
이익 측면에서는 플러스 방향이다.

		제안 전 손익구조	제안 후-판매수수료 손익구조	차이
매출		24,000,000	30,000,000	6,000,000
매출수량		8,000잔/월	10,000잔/월	2,000잔/월
매출액	₩3,000/잔	24,000,000	30,000,000	6,000,000
제조원가		(16,400,000)	(18,000,000)	(1,600,000)
변동제조원가	₩800/잔	(6,400,000)	(8,000,000)	(1,600,000)
고정제조원가	10,000,000/월	(10,000,000)	(10,000,000)	0
매출총이익		7,600,000	12,000,000	4,400,000
판매관리원가		(6,600,000)	(8,200,000)	(1,600,000)
변동판매관리원가	₩200/잔	(1,600,000)	(2,000,000)	(400,000)
고정판매관리원가	5,000,000/월	(5,000,000)	(5,000,000)	0
추가-판매수수료	20%		(1,200,000)	(1,200,000)
영업이익		1,000,000	3,800,000	2,800,000

커피 판매가 2,000잔 증가하면
1) 매출 또한 6,000,000원이 증가한다.
2) 그리고 1,600,000원의 변동제조원가와 400,000원의 변동판매관리원가도 증가한다.
3) 또한, 1,200,000원의 변동판매관리원가의 성격인 판매수수료가 추가된다.
4) 다만, 고정제조원가와 고정판매관리원가는 15,000,000원으로 변동이 없다.

앞선 사례와 비교해보았을 때, 2,000잔을 추가로 판매하기 위해서 일시불로 3,000,000원의 광고선전비를 지출하는 경우에는 순이익이 2,000,000원으로 증가하는 반면에, 추가 판매량에 따라 매출액 대비 20%의 판매수수료를 지불하는 경우에는 순이익이 3,800,000원으로

증가한다. 따라서 해당 분석만 보면 태윤 사장은 당연히 판매수수료를 추가로 지불하는 계약을 체결하는 것이 효과적으로 보인다.

하지만 **현실적으로 광고를 통해 추가 판매량이 늘어날지 그리고 늘어난다면 얼마나 늘어날지 불확실하다. 따라서 실제 의사결정과정은 조금 더 복잡하기 마련이다.** 이럴 때 태윤 사장이 어떤 광고 제안을 받아들인다고 할 경우, 어떤 제안을 받아들이는 게 더 효과적일까?

먼저 일시불로 광고선전비를 지불하는 것과 추가 판매량에 비례하여 판매수수료를 지불하는 것이 무차별한 추가 판매량을 먼저 구해보자. 구하는 산식은 광고선전비 3,000,000원과 동일한 비용이 발생하는 판매수수료 방식의 추가 판매량인데, 이를 구해보면 5,000잔이 계산된다. 즉, 기존 8,000잔에서 5,000잔을 추가한 **13,000잔을 팔게 되면 광고선전비와 판매수수료에 의한 손익이 동일해진다는** 의미이다.

✦ 광고선전에 대한 비교우위 ✦

광고선전비의 비교우위 판매량

판매수수료를 통해 증가되는 원가 ₩600×Q = 광고선전비를 통해 증가되는 원가 ₩3,000,000

⇒ Q = 5,000잔

따라서 **13,000잔을 넘게 판매량이 증가할 가능성이 높으면** 추가 변동원가가 발생하지 않은, 즉 일시불로 지급하는 **광고선전비가** 판매수수료 지급 방식보다 **손익 측면에서 더 유리하고,** 그 이하로 판매가 예상되는 경우에는 판매수수료 지급 방식이 더 유리하다.

✦ 판매량 변화에 따른 대안별 영업이익의 변화 ✦

판매량	**1** 8,000잔	**2** 9,000잔	10,000잔	**3** 13,000잔	**4** 15,000잔	17,000잔
매출액	24,000,000	27,000,000	30,000,000	39,000,000	45,000,000	51,000,000
광고선전비 지출 시, 순이익	–	0	2,000,000	8,000,000	12,000,000	16,000,000
광고수수료 지출 시, 순이익	–	2,400,000	3,800,000	8,000,000	10,800,000	13,600,000
광고 미도입 시, 순이익	1,000,000	–	–	–	–	–

판매수수료 방식이 더 유리   광고선전비 방식이 더 유리

1 8,000잔 판매 시에는 판매량이 증가하지 않기 때문에 판매수수료를 지출하거나 광고를 도입할 필요는 없다.

2 광고선전비 지출에 대한 손익분기점 판매량인 9,000잔 이하인 경우에는 판매수수료를 지출하는 경우에 순이익이 가장 효과적이다. 다만, 광고선전비나 판매수수료를 도입하지 않는 경우에는 추가 판매가 발생하지 않는다.

3 판매량이 13,000잔을 판매하는 경우에는 광고선전비 지출과 판매수수료 지출의 경우에 순이익이 동일하다.

4 판매량이 13,000잔을 초과하는 경우에는 광고선전비를 지출하는 경우에 순이익이 가장 효과적이다.

꼭 만들어야
팔 수 있는 것은 아니다.

자가제조 vs. 아웃소싱

⚙ 제조회사가 제조를 하지 않는 이유

성공한 기업들은 나름의 핵심역량을 가지고 있다. 그 중에 제조업체들은 제품 생산과 관련된 핵심기술을 주요 역량으로 꼽기도 하는데, 많은 제조업체들이 '자가제조'를 고집하는 이유도 여기에 있다. 삼성전자와 현대차처럼 전후방산업을 통합하여 포괄적인 Global SCM 영역[9]을 더욱더 확장하는 이유 또한 '자가제조'라는 영역을 확대하는 예라고 볼 수 있다.

반면에 나이키는 자체적으로 공장을 소유하고 있지 않다. 디자인과 마케팅을 제외한 나머지는 외부 업체에 맡기고 있기 때문이다. 애플 또한 제품 생산을 아웃소싱하는 것으로 유명하며, '대륙의 실수'라고 부를 정도로 고품질의 가전제품을 저렴한 가격에 공급하는 샤오미 또한

---

9) 삼성전자나 현대차의 경우에도 다양한 협력업체가 있다는 점에서 아웃소싱을 효과적으로 활용하고 있다고 볼 수도 있지만, 나이키나 애플과 같은 회사에 비교해보면 '자가제조'를 핵심역량으로 관리한다고 볼 수 있다.

생산의 대부분을 아웃소싱하고 있다. 이외에도 'K-BEAUTY'라 불리는 우리나라의 중소기업 화장품 업체들도 OEM 또는 ODM[10]이라는 방식으로 화장품 생산을 외부 업체에 위탁하는데, 요즈음에는 아웃소싱이 점점 보편화되고 있다는 것도 알 수 있다.

'핵심기술' 유출이라는 리스크에 노출될 수도 있는데 나이키, 애플 및 샤오미 등의 회사들은 왜 아웃소싱을 하는 걸까? 주된 이유는 **제조활동을 영위하기 위해서는** 생산설비와 인력확충이라는 **대규모의 고정원가가 투입**되는데, **아웃소싱을 통해서 이러한 고정원가를 절감할 수 있기 때문**이다. 조금 더 정확하게 이야기하면, 고정원가를 변동원가로 변환이 가능하기 때문에 산업환경 변화에 더욱더 유연하게 대처할 수 있다는 의미이다.

환경변화에 유연하게 대응하려는 목적으로 '자가제조'에서 '아웃소싱'으로 생산방식을 전환하는 방식도 생각해 볼 수 있는데, 이때 주의할 점은 '자가제조' 설비를 사용하지 않을지라도 **여전히 발생할 수밖에 없는 '회피불가능원가'가 있다는 사실**에 유의해야 한다. 사례를 통해서 간단하게 살펴보자.

---

10) OEM(Original equipment manufacturing)이란 '주문자위탁생산' 또는 '주문자상표부착생산'이라고 하며, 유통망을 구축하고 있는 주문업체에서 생산성을 가진 제조업체에 자사에서 요구하는 상품을 제조하도록 위탁하는 방식을 의미한다. 이에 더하여 ODM(Original Development Manufacturing)이란 위탁제조업체가 주문업체를 위해 생산뿐만 아니라 제품 설계 및 개발까지 역할을 확장하는 방식으로 '제조업자개발생산' 또는 '제조업자설계생산'이라고도 한다.

⚙ '회피불가능원가'를 찾아라!

카페를 운영하고 있는 태윤 사장은 커피와 함께 베이커리를 판매하고 있다. 직접 빵을 만들어 판매하는 것이 좋을 것 같아 베이커리 전문가를 별도로 고용하고 있었는데, 생각보다 빵 판매량이 저조해서 고민이 이만저만이 아니다. 이에 카페를 경영하는 지인이 태윤 사장에게 차라리 '생지[11]'를 구입해서 빵을 판매하는 방법도 생각해보라고 하였다. 현재 빵은 '크루아상'이라는 단품을 생산하여 부가세를 제외하고 개당 3,000원에 판매하고 있는데, 이에 포함되는 밀가루 등 변동원가가 개당 1,000원이며, 베이커리 전문가에 대해서는 파트타임 급여로 월 2,500,000원을 제공하고 있다. 그리고 빵을 굽기 위해 고가의 오븐기기를 구입해서 3년 동안 월 1,000,000원의 감가상각비를 기록하고 있었는데, 부가세를 제외하고 개당 2,000원에 해당하는 '생지'를 구입한다면 구태여 해당 오븐기기를 활용할 필요가 없게 된다. 그리고 베이커리 전문가가 직접 만들든지 '생지'를 구입해서 팔든지 월 1,000개 정도의 빵이 판매된다고 할 때, 태윤이는 과연 '생지'를 구입해서 파는 게 좋을까?

태윤 사장이 빵 생산 방식을 '자가제조'에서 '아웃소싱'으로 변경할 경우 주의 깊게 살펴볼 내용 중 하나가 '자가제조'를 통해 발생되는 **원가 중에 '회피가능원가'와 '회피불가능원가'를 구분**하는 것이다. 우선 개당 2,000원에 해당하는 생지 구입원가는 추가로 발생한다. 이에 반하여

---

11) '생지'의 원래 뜻은 '가공하지 아니한 뜬 채로의 종이'를 의미하지만 베이커리 분야에서는 오븐에 굽기만 하면 완성되는 반가공된 빵을 의미하기도 한다.

밀가루 등의 변동원가는 더 이상 구입할 필요가 없으며, 베이커리 전문가에 대한 인건비 또한 절감할 수 있다는 장점이 있다. 하지만 이미 구입한 오븐의 경우에는 사용할 필요가 없다고 하더라도 오븐을 되팔거나 재임대를 하지 않는다면 회피가능원가로 볼 수 없으므로 의사결정과 무관한 원가라고 볼 수 있다.

따라서 한 달에 1,000개의 빵을 생산하여 판매한다면, 월 2,000,000원의 생지 구매원가가 발생하는 반면, 밀가루 등 변동원가와 베이커리 인건비는 각각 월 1,000,000원과 2,500,000원을 절감할 수 있다. 따라서 총 1,500,000원의 원가절감 효과를 가져올 수 있어 생지를 구입하여 팔게 되면 태윤 사장의 걱정거리를 조금 줄일 수 있을 것 같다.

✦ 자가제조 및 아웃소싱에 대한 증분 손익 ✦

증가하는 원가	생지 구입	1,000개×₩2,000 = ₩2,000,000

(−)	감소하는 원가	밀가루 등	1,000개×₩1,000 = ₩1,000,000
		베이커리 인건비	₩2,000,000 = ₩2,500,000
		오븐 감가상각비	₩1,000,000 = ₩1,000,000

'자가제조'에서 '아웃소싱'으로의 전환을 고민할 때는 '회피가능원가'와 '회피불가능원가'가 무엇인지 잘 확인해볼 필요가 있다. 오븐 감가상각비는 이미 지출했기 때문에 사용여부와 상관없이 '회피불가능원가'로 고려해야 한다.

| = | 증분손익 | | = ₩1,500,000 |

⚙ 아웃소싱을 고려한다면 더 깊게 고민할 부분이 있다.

이처럼 회사들이 **아웃소싱을 하는 가장 큰 이유 중의 하나가** 사례처럼 아웃소싱을 통해 **원가절감 효과를 가져올 수 있기 때문**이다. 하지만 앞서 이야기한 '핵심역량' 이외에도 아웃소싱으로 전환하려고 할 때 고민할 사항들이 상당히 많다.

우선, 아웃소싱을 통해 제공받은 **제품의 품질 문제**이다. 생산은 외부업체가 했지만, 판매는 주문업체의 브랜드로 팔리기 때문에 품질 문제가 발생하면 직접적인 타격은 주문업체가 받는다. 알다시피 품질 이슈로 훼손된 브랜드 이미지는 쉽게 회복되기 어렵기 때문에, 주문업체에서는 제품 품질에 대한 관리가 더욱더 중요하며, 품질관리를 위한 추가 원가[12]가 발생하기도 한다.

두 번째로 과연 외부업체가 **안정적으로 제품을 공급해줄 수 있을지도 점검**해 봐야 한다. 외부업체가 너무 영세한 경우에는 향후 재무적인 이슈 등으로 안정적인 공급이 어려울 수 있다. 또한 소수의 위탁제조업체에 대한 의존도가 너무 높은 경우, 위탁제조업체에서 갑작스럽게 납품단가 인상을 요구한다면 주문업체에서는 충분한 대안이 없기 때문에 거절하기가 쉽지 않다. 이런 경우에는 애써 원가절감이라는 목적으로 활용한 아웃소싱의 장점이 퇴색될 수도 있다.

마지막으로 아웃소싱으로 발생하는 비용은 납품하는 제품 개수에 따라 지출되는 구매원가, 즉 변동원가의 성격이 대부분이다. 하지만 '자

---

12) 제조원가를 계산할 때, 생산원가뿐만 아니라 품질 저하로 사후에 부담해야 하는 원가('실패원가'라고도 한다)와 품질 저하를 예방하기 위한 예방원가도 포함되어야 한다는 주장이 있다. 이를 '품질원가'라고도 한다.

가제조'의 경우에는 변동원가와 고정원가가 섞여 있기 때문에 매출이 급격하게 증가하는 경우에는 아웃소싱보다 마진폭이 더 높을 수 있다. 그렇다고 다시 '자가제조'로 돌아서기는 만만치 않다. '자가제조'를 위해서는 설비 투자 등의 대규모의 고정원가 투자가 필요하기 때문이다.

07

때론 그만 판매하는
결단도 필요하다.

사업중단 여부의 선택

⚙ 적자가 나도 사업은 계속된다.

적자가 발생해도 사업을 계속하는 경우를 자주 볼 수 있다. '쿠팡'의 경우 창사 이래 2020년까지 지속적으로 적자가 발생했지만, 여전히 사업을 계속하고 있다. '쿠팡' 관계자의 말에 따르면 회사가 아직 성장 초기단계이기 때문이라고 한다. 그리고 보란 듯이 2021년도에는 기어코 뉴욕증시에 상장하는 기염을 토하기도 했다. 성장 초기단계라는 '쿠팡'의 주장이 투자자에게 설득력이 있었기 때문인데, 이처럼 성장 초기에는 적자가 발생하기도 하지만 향후 성장이 가속화되면 수익성이 개선될 것이라는 기대치가 있어 사업을 지속하는 원동력이 되기도 한다.

이 외에도 지속적인 손실이 발생해도 사업을 중단하는 것보다 손실이 덜 발생할 것으로 예상되면 사업을 유지하는 것이 나은 경우도 있는데, 이미 투입된 고정원가의 일부분을 회수할 수 있는 경우가 여기에 해당된다. 따라서 적자가 발생하는 사업을 접을지 말지에 대한 의사결정을 위해서는 원가 항목별로 회피 가능한지 여부에 대한 판단이 중요하다. 사례를 통해 살펴보자.

카페를 운영하고 있는 태윤 사장은 COVID 19로 매출이 줄어들자 '배달 매출'을 시행하였다. 하지만 시행해본 결과 '배달 매출'에서 별다른 이익이 발생하지 않는 것 같아 '배달 매출'을 중단할지 고민이다. 이에 '매장 매출'과 '배달 매출'의 손익계산서를 살펴보니 역시나 '배달' 부문에서 손실이 발생하였으며, 이에 태윤 사장은 '배달' 매출을 더 이상 하지 않기로 하였는데, 과연 잘한 일일까?

⚙ 사업을 중단해도 여전히 발생하는 원가가 있다?

태윤 사장의 의사결정을 확인하기 위해서는 원가구조를 살펴볼 필요가 있는데, 아메리카노 한 잔에 부가세를 제외하고 3,000원에 팔고 있었으며 매장과 배달 매출은 각각 한 달에 3,500잔과 500잔이 판매되고 있었다. 변동원가로는 제조원가와 판매관리비로 각각 한 잔당 1,000원과 200원이 발생한다고 한다. 그리고 매월 1,000,000원의 임차료와 750,000원의 바리스타 인건비, 그리고 기타 고정비가 150,000원이 발생하고 있다. 이와는 별도로 배달과 관련하여 주문 건 수당 5,000원의 배달비가 발생하였으며, 매월 150건의 주문이 발생한다고 한다.

우선 매장 부문과 배달 부문의 손익을 살펴볼 필요가 있는데, 임차료, 바리스타 인건비 및 기타 고정비는 매장 부문과 배달 부문의 공통원가이므로 매출 비율로 배부[13]하자. 이에 따라 매장 사업부에서는 월

---

13) 공통원가의 배부에 대한 논의는 'Part 3'에서 자세히 이야기하였으니, 참고하길 바란다.

4,637,500원의 이익이 발생하지만 배달 부문에서는 월 87,500원의 손실이 발생하고 있었다. 여기까지만 보면 태윤 사장의 생각대로 배달 사업을 중단하는 것이 맞는 것으로 보일 수도 있다.

✦ 매장 및 배달 부문의 손익 현황 ✦

		배달 사업 중단 전	
		매장	배달
매출		10,500,000	1,500,000
판매가격		₩3,000/잔	₩3,000/잔
매출수량		3,500잔/월	500잔/월
배달주문건수			150건/월
매출액		10,500,000	1,500,000
변동원가		4,200,000	600,000
변동제조원가	₩1,000/잔	3,500,000	500,000
변동판매관리비	₩200/잔	700,000	100,000
공헌이익		6,300,000	900,000
고정원가		1,662,500	987,500
임차료 1)	1,000,000/월	875,000	125,000
바리스타 인건비1)	750,000/월	656,250	93,750
기타 고정비1)	150,000/월	131,250	18,750
배달비2)	₩5,000/주문건수		750,000
영업이익		4,637,500	(87,500)
총 영업이익		4,550,000	

▶ 임차료, 바리스타 인건비 및 기타 고정비는 매장 부문 및 배달 부문의 공통원가이며, 사업손익을 분석하기 위해서는 배부되어야 한다.

1) 고정원가 중 공통원가는 매출액 비율로 안분하여 계산하였다.
2) 배달비는 준고정원가로 배달과 관련된 직접원가이다.

공통원가 배부를 포함하여 매장 부문과 배달 부문의 손익계산서를 살펴보면, 배달 부문에서 손실이 발생하고 있다는 사실을 알 수 있다.

하지만 배달 **사업을 중단하게 되면** 배달 사업에 배부되었던 **일부 고정원가는 총액이 그대로 유지된다는 사실에** 유의해야 한다. 즉, 배달 사업을 접는다면 관련된 변동원가와 배달비라는 (준)고정원가는 절감될 수 있지만, 임차료, 바리스타 인건비 및 기타 고정비는 총액 그대로 발생하게 된다. 즉, 배달 사업을 접는다고 해서 배달부문에 배부된 237,500원[14]의 고정원가는 줄어들지 않는다는 의미이다.

사례를 기준으로 보면 배달 부문에 배부되었던 임차료, 바리스타 인건비 및 기타 고정비는 매장 부문의 고정원가에 포함되므로 총영업이익은 월 4,550,000원에서 월 4,400,000원으로 줄어드는 결과가 발생한다. 따라서 태윤 사장은 **배달 부문에서 손실이 발생할지라도 임차료, 바리스타 인건비 및 기타 고정비라는 회피불가능원가를 일부 보전할 수 있으므로 배달 부문을 유지하는 것이 더 낫다고** 볼 수 있다.

---

14) 임차료 125,000원 + 바리스타 인건비 93,750원 + 18,750원 = 237,500원

		배달 사업 중단 전		배달 사업 중단 후	
		매장	배달	매장	배달
매출		10,500,000	1,500,000	10,500,000	0
판매가격		₩3,000/잔	₩3,000/잔	₩3,000/잔	
매출수량		3,500잔/월	500잔/월	3,500잔/월	
배달주문건수			150건/월		
매출액		10,500,000	1,500,000	10,500,000	
변동원가		4,200,000	600,000	4,200,000	0
변동제조원가	₩1,000/잔	3,500,000	500,000	3,500,000	
변동판매관리비	₩200/잔	700,000	100,000	700,000	
공헌이익		6,300,000	900,000	6,300,000	0
고정원가		1,662,500	987,500	1,900,000	0
임차료 1)	1,000,000/월	875,000	125,000	1,000,000	
바리스타 인건비 1)	750,000/월	656,250	93,750	750,000	
기타 고정비 1)	150,000/월	131,250	18,750	150,000	
배달비 2)	₩5,000/주문건수		750,000		
영업이익		4,637,500	(87,500)	4,400,000	0
총 영업이익		4,550,000		4,400,000	

1) 고정원가 중 공통원가는 매출액 비율로 안분하여 계산하였다.
2) 배달비는 준고정원가로 배달과 관련된 직접원가이다.

임차료, 바리스타 인건비 및 기타 고정비는 배달 사업이 중단된다고 해도 감소할 수 없는 공통원가이기 때문에, 배달 사업 중단 후에도 총액이 그대로 발생한다.

회피불가능원가 때문에 배달 사업 중단 이후에는 중단 이전보다 영업이익이 줄어든다.

다 잘하겠지만,
포기하는 것도 필요하다.

자원의 제약과 선택, 그리고 집중

⚙ 자원은 부족하기 마련이다.

의사결정이란 여러 대안 중에 최적의 대안을 찾는 것이다. 일상생활에서 **의사결정이 필요한 이유 중 하나는 자원이 한정되어 있기 때문인**데, 만일 자원의 제약이 없다면 이익이 되는 모든 안을 다 선택할 수 있어 총이익 또한 극대화될 수 있겠지만, 현실은 그렇지 않다.

일반적으로 사업을 하다 보면 여러 제품을 만들어 팔게 된다. 욕심 같아서는 소비자들의 관심을 끄는 모든 제품을 판매하고 싶지만 자원의 제약으로 선택과 집중을 해야만 한다. 한 제품에 생산을 집중하면 다른 제품을 덜 생산할 수밖에 없다. 이럴 경우 이익이 최대화되는 방향으로 제품을 배합하여야 하는데, 어떤 기준으로 하면 좋을까?

일반적으로는 순이익이 발생한다는 전제하에 **단위당 공헌이익이 높은 제품을 많이 생산하면 좋을 거라고 생각**하겠지만, 자원의 제약이 있는 경우에는 한 걸음 더 나아가서 **제한된 자원을 고려한 단위당 제품 수익성을 비교**해야 한다. 가령, 동일한 생산 설비 등을 사용할지라도 제품마다 단위당 공헌이익이 다를 수 있으며, 생산 속도 또한 다를 수 있다. 따라서 동일한 생산 설비를 사용할지라도, 생산 설비에 제한이 있고 제품별 생산시간이 다르다면 설비이용 시간을 고려하여 단위당 공헌이익을 비교해야 이익을 최대화할 수 있다. 사례를 통해 살펴보자.

⚙ 제한된 자원 안에서 공헌이익을 고려하라.

아메리카노를 전문적으로 판매하고 있는 태윤이는 이익을 높이기 위해 카페라떼를 새롭게 출시하려고 고민 중이다. 아메리카노의 경우, 변동원가로는 1잔당 1,000원의 원두만 필요하지만 카페라떼는 1잔당 1,000원의 원두에 500원의 우유가 추가된다고 한다. 그리고 아메리카노는 부가세를 제외하고 한 잔당 3,000원에 판매하고 있지만 카페라떼는 한 잔당 4,500원을 예상하고 있어 높은 마진이 예상된다. 다만 바리스타의 이야기로는 아메리카노를 한 잔 만드는 데에는 4분이 소요되지만 카페라떼를 만드는 데에는 10분이 소요된다고 한다. 태윤 사장이 카페라떼를 출시한다면 순이익이 더 좋아질까?

태윤 사장은 정확한 손익을 예측하기 위해서 아메리카노와 카페라떼의 제품 단위당 공헌이익을 계산해 보았는데, 아메리카노는 한 잔당 2,000원인 반면 카페라떼는 한 잔당 3,000원으로 제품 단위당 공헌이익은 카페라떼가 더 좋다는 것을 알 수 있다.

제품 단위당 공헌이익		
	아메리카노	카페 라떼
단위당 판매가격	₩3,000/잔	₩4,500/잔
변동원가	₩1,000/잔	₩1,500/잔
원두	1,000	1,000
우유	–	500
단위당 공헌이익	₩2,000/잔	₩3,000/잔

하지만 아메리카노와 카페라떼를 만드는 데 **제약조건이 있다는 사실을 놓치지 말아야 한다.** 태윤 사장이 고용하고 있는 바리스타는 아메리카노 한 잔을 만드는 데 4분이 걸리는 반면, 카페 라떼를 만드는 데는 10분이 걸린다고 하였다. 즉, 이를 1시간으로 계산해보면 시간당 아메리카노는 15잔을 만들 수 있는 반면에, 카페라떼는 6잔만 만들 수 있다.

생산 제약 조건		
	아메리카노	카페 라떼
1잔당 생산 소요 시간	4분	10분
1시간당 최대 생산 수량	15잔/시간당	6잔/시간당

제품 단위당 공헌이익 관점에서는 카페라떼가 높지만, 생산속도가

다르기 때문에 이를 감안하여 시간당 공헌이익을 재계산해볼 필요가 있다. 시간당 공헌이익 관점에서 계산해보면 아메리카노는 한 잔당 공헌이익은 2,000원이지만 한 시간에 15잔을 만들 수 있으므로 시간당 공헌이익은 30,000원이 된다. 이에 반하여 카페라떼는 한 잔당 공헌이익은 3,000원이지만 한 시간에 6잔밖에 만들 수 없으므로 시간당 공헌이익은 18,000원으로 아메리카노보다 순이익 관점에서 좋은 대안은 아니다.

시간당 공헌이익

	아메리카노	카페 라떼
단위당 공헌이익	₩2,000/잔	₩3,000/잔
시간당 생산량	15잔/시간당	6잔/시간당
생산시간당 공헌이익	30,000	18,000

따라서 태윤 사장은 가능한 아메리카노를 많이 판매하는 것이 카페의 순이익을 늘릴 수 있는 방법이다. 만일 제품 구성 등의 이유로 카페라떼도 판매를 해야 한다고 할지라도 아메리카노의 판매 비중을 높이는 것이 순이익 관점에서는 더 효율적이다.

이렇듯 여러 제품을 생산 및 판매하는 경우에는 어떤 제품에서 순이익을 더 많이 얻을 수 있는지를 고려하여 제품을 구성해야 한다. 이때 **자원의 제약이 있다면 제약 자원을 고려한 단위당 공헌이익을 확인할 필요가 있다는 사실**에 유의해야 한다.

회계고수를 위한 Tip

내 돈만 가지고
투자할 필요는 없다.

⚙ 자금조달도 의사결정이다.

사업을 하다 보면 판매가격 결정, 특별주문관련 가격차별화, 아웃소
싱 진행여부 및 제품배합 비중 등 다양한 문제에 직면하게 되고, 이때
회계정보를 활용하여 시의적절한 의사결정을 해야 한다. 이외에도 다양
한 의사결정 환경에 직면하게 되는데, 사업 운영을 위한 자금 조달 또한
중요한 의사결정 중 하나이다. 그리고 자금을 효율적으로 조달하는 것
또한 사업을 성공하는 데에 필수적이다.

이러한 투자자금은 사업을 하면서 벌어들인 순이익의 누계인 내부
유보자금[15]을 활용하면 좋겠지만, 외부로부터 자금을 빌릴 수도 있다.
외부로부터 자금을 빌리는 방법으로는 투자자를 모집하거나 금융기관
등으로부터 돈을 빌리는 차입을 생각할 수 있는데, 두 가지 방법 중에
어떤 방법을 선택하느냐에 따라 향후 성과 배분에 큰 차이가 있다는
점에 유의해야 한다.

---

15) 회계적인 용어로는 '이익잉여금'이라고도 한다.

우선 가까운 지인이나 외부로부터 투자를 받는 경우에는 그에 상응하는 주식을 나눠주는 것이 일반적이다. 이런 방식으로 자금을 유치하는 경우에는 이익이 발생할 때까지는 투자자에게 별도의 지급 의무가 없다는 장점이 있다. 다만, 이익이 발생하게 되면 주식 수에 비례하여 투자자에게 '배당' 등으로 이익을 배부해야 한다. 반면 차입을 하는 경우에는 회사의 성과와는 상관없이 사전에 약속한대로 만기에 빌린 자금을 돌려주고 정기적으로 차입금에 대한 이자를 지급해야 한다.

가령 태윤 사장이 카페 창업을 위해서 2억 원의 자금 중 1억 원은 본인이 마련하고 나머지 1억 원은 외부에서 유치를 받기로 했다고 하자. 차입을 한 경우에는 연 10%의 이자를 지급해야 하고, 투자를 받은 경우에는 50%의 지분을 공유하기로 한다. 그리고 사업 첫 해에는 5천만 원의 손실이 발생했고, 2차 연도에는 1억 원의 이익이 발생했으며, 3차 연도에는 2억 원의 이익이 발생했다고 해보자. 이때 차입을 했을 경우와 투자를 받았을 경우에 태윤 사장이 얻게 될 순이익은 얼마인지 확인해보자. 다만 법인세와 투자금 1억 원에 대한 회수는 별도로 고려하지 않기로 한다.

사업 순이익이 발생하는 경우

(단위 : 원)

	이자비용 지급 전 예상 영업이익	부채 활용		투자 유치	
		투자자	태윤 사장 100%	투자자 50%	태윤 사장 50%
1차 연도	−0.50억	0.10억	−0.60억	−0.25억	−0.25억
2차 연도	1.00억	0.10억	0.90억	0.50억	0.50억
3차 연도	2.00억	0.10억	1.90억	1.00억	1.00억
누계	2.50억	0.30억	2.20억	1.25억	1.25억

투자 유치를 받는 경우에는 부채를 활용하는 경우보다 순이익이 커질수록 태윤사장의 몫은 적어지기 마련이다.

차입에 따른 이자지급은 '이자비용'으로 기록되어 이익에서 차감된다.

⚙ 차입이냐 투자 유치냐, 그것이 문제로다.

차입금이라는 부채를 활용하는 경우에는 사업과 관련하여 이익이나 손실의 발생 여부와 상관없이 매년 1억 원의 10%에 해당하는 1천만 원의 이자비용이 발생하게 된다. 사례에서 1차 연도에는 5천만 원의 손실이 발생했지만, 1천만 원의 이자비용이 발생하여 순사업손실은 6천만 원으로 늘어나게 된다. 2차 연도 및 3차 연도에는 각각 1억 원과 2억 원의 순사업이익이 **발생했음에도 1차연도와 동일한 1천만 원의 이자비용만 발생**한다.

반면에 투자유치를 받은 경우에는 1차 연도에 손실이 발생했기 때문에 투자자에게 어떤 보상도 지불할 필요가 없다. 반면 2차 연도에는 1억 원의 이익이 발생했으며, 1차 연도의 손실을 포함한 누적이익 5천만 원에 대하여 투자자가 참여한 50%의 지분율에 따라 2천 5백만 원은 투자자의 몫[16]이 된다. 그리고 3차 연도에는 2억 원의 이익이 발생했으며 지분율에 따라 1억 원은 고스란히 투자자의 몫으로 남게 된다. 즉, 지분 공유를 통해 투자를 받는 경우에는 투자비율, 즉 **지분율에 비례하여 이익뿐만 아니라 손실도 공유**[17]한다는 의미이다.

이처럼 사업을 통해 이익이 늘어날수록 차입을 하는 경우가 투자를 받는 경우보다 창업자 등과 같은 기존 주주들에게 귀속되는 이익의 규모가 더 커지게 된다. 다만 사업이라는 것이 100% 확신이 없기 때문에, 사업이 실패할 경우 차입금에 대해서는 지급이자와 원금상환 의무라는 위험을 무시하기 어렵다. 따라서 **투자를 받을지 아니면 차입을 할지에 대한 판단은 사업의 미래에 대한 불확실성 정도를 기준으로 판단**해야 한다. 그리고 회계적으로는 차입 등을 통한 방법을 '타인자본조달'이라고 하며, 투자 유치 등을 통한 방법은 '자기자본조달'이라고도 한다.

---

16) 실제 투자자의 몫을 투자자에게 '배당' 등을 통해서 배부할지 말지는 주주총회 등 회의체를 통해 별도로 결정할 수 있다.
17) 주식회사 등과 같이 책임을 한정하는 경우에는 투자한 금액을 한도, 즉 사례에서는 투자한 1억 원을 한도로 손실을 공유한다는 의미이다.

돈이 쌓이는 회계

: 사업을 운영하는 사람들을 위한 다섯 번째 관리회계 도구

Part 5

누가 잘했는지 알고 싶다면
알아야 할 것들

막강한 권한에는
막강한 책임이 따른다.

성과측정이 필요한 이유 – 책임회계

⚙ 직원들이 나만큼만 해 준다면야…

예전에 우리나라를 포함하여 해외 관계사를 꽤 많이 운영하고 있는 그룹사 회장님의 하소연을 듣게 된 적이 있었다. 회장님의 일과 중 오전에는 우리나라 회사의 경영 전반을 살펴보고, 그 후에 바로 아시아 권역의 회사들을 살펴본다고 한다. 그리고 오후에는 유럽, 저녁에는 미주 권역을 살펴보느라 하루하루가 정신이 없다고 한다.

회장님의 불만은 자신은 이처럼 회사 일에 헌신을 다하는 데, '**직원들 마음이 자기 같지 않아** 안타깝다'는 것이다. 실제 경영진들의 이러한 하소연은 컨설팅을 하는 과정에서 자주 듣게 되는 이야기 중 하나인데, 단언컨대 모든 직원들이 사장처럼 일하기를 바라는 건 경영진의 욕심일 뿐이다. **직급에 따라 권한과 책임이 다르기 때문**이다.

사장과 직원의 급여 및 성과급이 다른 이유 또한 여기에 있으며, 따라서 직급에 맞도록 권한의 수준과 책임의 한계를 명확하게 정해주는 것이 필요하다. 또한 주어진 업무의 달성 정도를 측정하여 **합리적인**

성과 평가 및 보상과 연계하는 것도 중요한데, 적절한 보상을 통해 직원들이 업무에 매진할 수 있도록 동기를 부여해 줄 수 있기 때문이다.

성과평가 결과가 직원들의 동기 부여와 연계되기 위해서는 ① 명확한 목표를 제시해야 하며, ② 직원들이 통제할 수 없는 요소를 제거해야 한다. 명확한 목표를 통해 직원들이 목표를 달성할 수 있다는 자신감을 부여할 수 있으며, 통제 불가능한 요소를 제거해서 직원들의 불만을 낮출 수 있기 때문이다. 다만 조직이 복잡해질수록 다양한 직무가 존재하기 때문에 합리적인 성과평가 기준을 수립하는 것, 또한 점점 어려워질 수밖에 없다.

일반적으로는 성과평가 기준으로 '매출'을 떠올릴 수도 있지만, 회사는 조직 또는 기능에 따라 그 역할이 다양하기 때문에, 단순히 매출 기준으로만 성과를 평가한다면 다른 부서, 이를 테면 생산부서 등은 나름대로 불만이 있을 수 있다. 생산부서의 경우에는 생산을 효율적으로 하는 것으로 그 역할이 충분한데, 매출을 관리하는 판매부서의 성과에 따라 생산부서의 보상이 결정된다면 생산부서로서는 납득하기 어려울 수도 있기 때문이다. 회계부서나 총무부서 등 지원부서의 경우에도 성과평가 기준으로 매출만을 사용한다면 불만이 있기는 마찬가지이다.

❂ 책임중심점 : 권한과 책임을 한 자리에…

회계에서도 조직의 기능에 따라 통제 가능한 항목을 구분해서 책임을 부여하는 방법을 제시하고 있는데, 이렇게 권한과 책임에 맞도록 설정하는 단위를 '**책임단위**' 또는 '**책임중심점**'이라고 한다. 그리고 책임단위는 일반적으로 비용중심점(Cost Center, 원가중심점이라고도 함), 수익중심점(Revenue Center), 이익중심점(Profit Center) 및 투자중심점(Investment Center) 등으로 분류된다.

생산부서 및 서비스부서 등은 그 자체만으로는 수익을 창출하지 못한다. 비용만 발생시킬 뿐이다. 이러한 조직을 '**비용중심점**'이라고 하는데, 해당 책임단위에 판매 및 수익창출과 관련된 책임을 부여한다면 억울하지 않을까? 따라서 이러한 조직은 얼마나 **효율적으로 비용을 사용했는지에 따라 성과를 평가**받는 것이 합리적인데, 가장 쉬운 방법은 계획된 예산과 실적을 비교하거나 사전에 설정된 표준과 실적을 비교하는 것이다. 커피 바리스타나 베이커리 전문가를 예로 들면, 커피나 빵을 만들 때 개당 표준 사용량을 설정한 후, 실제 사용량과 비교하여 재료를 얼마나 낭비하지 않았는지를 비교하여 효율적인 생산 여부를 측정할 수 있다.

판매부서 또는 영업부서 등은 **판매 또는 수익창출에 그 목적**이 있는 조직이다. 따라서 이러한 조직을 '**수익중심점**'이라고 부르는데, 계획 또는 판매 목표와 실적을 비교하여 성과를 평가 받는 것이 일반적이다. 실무적으로는 판매 및 영업활동에서도 비용이 발생하기 때문에 매출뿐만 아니라 관련된 비용을 포함한 영업이익을 기준으로 평가 받기도 하는데, 이때 해당 조직은 '이익중심점'으로 분류되기도 한다.

사업의 궁극적인 목적은 매출이 아니라 **최적화된 이익을 창출하는 것**이다. 즉, 비용뿐만 아니라 수익창출까지 책임을 가지고 운영하는 조직이 필요한데 이러한 조직을 '**이익중심점**'이라고 한다. 주로 회사 내에서 사업부 또는 지역별 영업본부 등이 이에 해당하는데, 카페매장의 수익과 비용을 총괄하고 있는 총괄매니저 등도 이에 포함될 수 있다. 이익중심점의 경우에는 공헌이익계산서나 재무회계 기준의 손익계산서를 활용하여 계획된 이익 대비 실제 이익을 얼마나 달성했는지에 따라 성과를 평가받는 것이 일반적이다.

경제학에서도 이야기하고 있지만 '자원은 유한'하다. 사업을 할 때도 마찬가지다. 자원은 한정적이기 때문에 각 부서나 사업부가 투자자금을 고려하지 않고 이익에만 몰두한다면 기업 전체적으로는 기회비용이 발생할 수 있다. 따라서 **수익, 비용 및 이익뿐만 아니라 투자된 총자산의 효율성을 책임지는, 즉 투자의사결정에 책임지는 단위를 '투자중심점'**이라고 한다.

예를 들어, 태윤 사장의 카페 사업이 확장되어 매장이 하나 더 늘었다고 해보자. 이때 A매장과 B매장에서 각각 2천만 원 및 1천만 원의 이익을 냈다고 하자. 하지만 A매장에 투자한 금액이 3억 원이고 B매장에 투자한 금액이 1억 원이라면, 아무리 A매장에서 이익이 많이 났더라도 효율적 측면에서는 B매장에서 더 높은 성과[1]를 냈다고 볼 수 있다. 투자 대비 이익을 측정해보면 A매장의 투자—이익률이 6.7%[2]인 반면에 B매장의 투자—이익률은 10%이기 때문이다.

---

[1] 이러한 문제는 제한된 자원을 어떻게 할당할 것인가로 귀결된다. 만일 기업이 투자할 수 있는 자원이 1억 원만 있다면 경영자는 B매장 위주로 투자하라는 의사결정을 내릴 수밖에 없지 않을까?
[2] 투자—이익률은 이익을 투자금액으로 나누어 계산된다.

✦ 투자중심점으로 바라본 A매장 및 B매장의 성과 ✦

만약에,
· 3억 원을 투자하여 이익이 2,000만 원 발생하는 A매장
· 1억 원을 투자하여 이익이 1,000만 원 발생하는 B매장
두 매장 중에 어느 매장이 효율적으로 장사하고 있을까?

A매장의 투자 이익률

$$= \frac{2{,}000만\ 원}{3억\ 원}$$

VS

B매장의 투자 이익률

$$= \frac{1{,}000만\ 원}{1억\ 원}$$

→ 6.7%

→ 10.0%

⚙️ 책임회계의 의미

이처럼 책임단위인 각각의 **책임 중심점별로 성과평가를 관리하기 위한 회계를 '책임회계'**라고 한다. 이 때 비용중심점, 수익중심점 및 이익중심점은 수익과 비용 위주의 전통적인 손익계산(PL) 기준의 성과평가인 반면에 투자중심점은 수익, 비용뿐만 아니라 투자라는 재무상태(BS)를 포함한 성과평가로 확장된다. 책임회계를 정교화하기 위해서는 그 외 고려할 다양한 요소들이 있는데, 가령 각 책임단위에는 포함되지 않는 관리비용이나 여러 책임단위에 공통으로 활용되는 서비스비용 등을 어떻게 배부할지에 대한 논의도 필요하다. 또한 책임단위 간 내부거래가격[3]을 어떻게 관리할지 등도 중요한 요소 중의 하나이다.

---

[3] 이러한 거래를 '사내대체거래'라고 하며, 이러한 거래를 위한 가격결정을 '사내대체거래 가격결정'이라고 한다. '사내대체거래 가격결정'에 대해서는 뒤에서 자세히 설명할 예정이다.

내가 볼 땐 공통비,
네가 볼 땐 직접비!?

공통비의 의미와 배부 방법

⚙ 한 회사인데, 너무 딱딱한 거 아닙니까?

카페 사업을 하고 있는 태윤 사장은 A매장을 운영하다가 B매장을 추가로 오픈하였다. 정확한 손익관리를 위해서 A매장의 일부 직원들은 회계 등 지원업무까지 진행하고 있었는데, B매장은 영업 초기라 A매장 직원들이 B매장의 지원업무도 돕기로 하였다. 평소 사업을 하면서 정확한 성과 관리가 중요하다고 생각하는 태윤이는 A매장과 B매장의 손익을 분석해보니, B매장에서 이익이 더 많이 나는 것 같아 기분이 좋아졌다. 하지만 A매장 직원들은 태윤이의 이야기에 불만을 제기하였는데, A매장에서 도와주고 있는 B매장의 지원업무와 관련된 공통비를 A매장에서 전부 비용으로 인식하고 있기 때문에 B매장의 이익이 과대포장되었다는 것이다. 정확한 성과측정을 위해서는 A매장에서 발생하는 지원업무와 관련된 공통비는 어떻게 관리해야 하는 걸까?

사업의 규모가 커지다 보면 여러 매장이나 사업부를 운영하기도 하는데, 이때 공통비[4]도 함께 발생하기 마련이다. **여러 매장이나 사업부에서 운영해야 하는 공통 업무를 한 매장이나 사업부에서 통합해 진행하는 편이 보다 효율적일 수도 있기 때문이다.** 큰 규모의 회사에서는 보통 총무부서나 회계부서 등 지원부서들이 별도로 존재하기도 하는데, 이 또한 공통비가 발생하는 부서에 해당된다.

문제는 공통비의 유형이 다양하고 규모가 클수록 정확한 성과를 측정하기가 어려운데, 공통비를 배부하는 기준은 회사가 당면한 환경 및 목적에 따라 다르기 때문이다. 또한 **공통비를 어떻게 배부하느냐에 따라 각 매장이나 사업부의 손익이 달라**지기 때문에 공통비 배부 기준[5]에 대해서 불만 섞인 목소리가 자주 발생하기도 한다.

✿ 알다 가도 모를 '공통비'의 의미

이러한 공통비 이슈를 해결하기 위해서는 어떤 경우에 공통비가 발생하는지에 대한 정확한 이해가 중요하다. 같은 비용이라도 바라보는 관점에 따라 공통비가 될 수도 있고 직접비가 될 수도 있기 때문이다.

가령, 사례에서 태윤 사장이 브랜드 관리 목적으로 광고비를 집행했다고 해보자. 해당 광고 효과는 A매장과 B매장 모두에게 수혜가 돌아가

---

4) 공통비는 때로 간접비라고 불리기도 한다. 여기서는 이해의 편의상 '공통비'로 통일하고자 한다.
5) 공통비를 배부하는 기준은 인과관계 기준, 수혜기준, 부담능력 기준 및 공정성 기준 등 다양하다. 이에 대해서는 'Part 3'에서 자세히 이야기하였으니, 참고하길 바란다.

게 된다. 따라서 각각 매장에서 비용으로 인식하는 것이 타당한데, 문제는 해당 광고비가 A매장과 B매장에 각각 얼마가 배부되어야 할지 정확하게 측정하기는 어렵다는 것이다. 해당 광고비는 공통비에 해당되기 때문이다. 하지만 사업 전체를 총괄하는 태윤 사장 입장에서는 해당 광고비는 직접비에 해당된다. 즉, 광고비는 A매장이나 B매장을 각각 운영하는 매장 총괄매니저 입장에서는 '공통비'에 해당하지만 A매장과 B매장을 함께 관리하는 사업 전체적인 관점에서는 '직접비'로 분류될 수 있다. 이처럼 **비용을 집계해 성과를 평가받는 단위가 어디냐에 따라 공통비 또는 직접비에 대한 분류기준**[6]이 달라진다.

⚙ 공통비도 유형은 제각각!!!

공통비는 발생 유형에 따라 '위임성 비용', '지원부서 비용' 및 '영업과 무관한 비용' 등 크게 세 가지로 분류될 수 있는데, 공통비가 발생하는 유형을 이해한다면 공통비를 배부하는 기준을 결정하는 데 도움이 될 수 있다.

먼저, **'위임성 비용'**은 이론적으로는 각각의 매장이나 사업부에 **귀속이 가능한 직접비이나, 실무 편의상 비용을 집행하는 부서에 일괄 귀속하여 배부하는 것이 효율적인 비용**들이다. 예를 들어 총무부서에서 발생하는 사무용 소모품비 및 건물관리비, 인사부서에서 발생하는 교육

---

6) 만약 A매장이 A매장의 매출을 증가시키기 위한 광고비를 지출했다면 이는 A매장의 직접비에 해당하며, B매장의 비용으로는 기록되지 않는다.

훈련비 등이 여기에 해당된다. 해당 비용들은 발생할 때마다 발생 건별로 혜택을 받는 사업부 등에 귀속시킬 수는 있지만 금액이 적고 발생한 비용들을 귀속 부서로 할당하는 데 너무 많은 노력을 요구한다. 따라서 해당 사업부 등에 바로 귀속시키기보다는 총무부서 및 인사부서 등 운영부서에 비용을 귀속시킨 후에 일정한 기준, 즉 공통비에 대한 배부기준에 따라 각 사업부 등에 배부하기도 한다.

이와는 다르게 지원부서에서 자체적으로 발생하는 비용도 존재하는데, 대부분 **공통업무를 수행하는 부서 자체의 비용**으로 인사, 경리, 기획 구매 및 연구개발 부서 등에서 자체적으로 발생되는 비용들이다. 이러한 비용들은 어느 매장이나 사업부에 얼마만큼의 혜택이 돌아가는지를 정확하게 측정할 수는 없지만 사업이 운영되기 위해 필수불가결하게 발생하는 비용들이다.

마지막으로 살펴볼 공통비는 **매장이나 사업부의 업무와 무관하게 발생하는 비용**이다. 신사업을 추진하거나 회사 영업과 관계없이 주식, 채권 등의 투자자산에서 발생하는 평가 또는 처분손익 등이 여기에 해당된다. 경우에 따라서는 이러한 비용들은 매장이나 사업부에 배부하지 않기도 하지만 만약 매장이나 사업부 손익의 합이 전체 사업의 손익과 동일해야 한다고 생각한다면 해당 비용을 각 사업부에 배부하기도 한다.

사례에서 A매장에서 발생되고 있는 공통비는 B매장에도 배부하는 것이 공정한 매장별 성과관리를 위해서는 가장 좋은 해결책이라고 할 수 있다. 공통비가 구분 관리되는 B매장의 손익계산서를 그려본다면 아래와 같은 이미지로 표현될 수 있겠다.

✦ B매장의 손익계산서 이미지 ✦

손익계산서	
Ⅰ. 매출액	×××
1. 사외 매출	×××
2. 사내 매출[1]	××× A매장과의 거래
Ⅱ. 영업비용	×××
1. 직접비	×××
2. 사내 매입[1]	××× A매장과의 거래
3. B매장에 배부된 공통비	××× A매장에서 발생된 공통비 중 B매장에 배부된 비용
Ⅲ. 영업이익	×××
Ⅳ. 영업외손익	×××
1. 영업외손익	×××
2. 사내이자손익[1]	××× 매장 간 대여 및 차입거래를 인식할 경우 계산되는 이자
Ⅴ. 경상이익	×××

1) 한 회사 내 사업부 또는 매장 간의 거래는 사업부 간 내부거래라고 하는데, 이에 대해서는 뒤에서 자세히 설명할 예정이다.

'공통비'는 합리적으로
배부될 수 있을까?

경영 컨설팅을 하다 보면 논란이 많은 프로젝트가 종종 있기 마련인데, 그 중에 하나가 '구분회계'라 부르는 사업부별 회계처리 기준을 설정하는 업무이다. 회사가 해당 프로젝트를 요청하는 이유는 여러 사업부의 성과를 정확하게 평가하고 관리하려는 데에 그 목적이 있다. 문제는 이러한 요청을 할 시점에는 회사의 손익이 이미 좋지 않은 경우가 대부분이다. 따라서 공통비를 어떻게 배부하느냐가 중요한데, 공통비 배부 방식에 따라 사업부의 이익과 손실이 왔다 갔다 하는 경우도 많기 때문이다.

한 번은 관리회계 임원이 필자에게 사업부들의 반발을 최소화하기 위해 공통비를 합리적으로 배부할 수 있는 방법을 문의해왔다. 당시 필자는 관리회계 임원에게 '공통비를 배부하면 누군가는 불이익을 받는다고 생각할 수밖에 없기 때문에, '무엇보다도 공통비를 최소화하는 것이 가장 중요하다'고 답변을 한 기억이 난다. 어찌 보면 '동문서답'처럼 들릴 수도 있겠지만, 공통비에 대한 필자의 견해는 지금도 동일하다. 공통비라는 항목 자체가 직접비처럼 관리될 수 없기 때문에 묶어 놓은 성격이 짙다. 따라서 정확하게 각 사업부에 귀속시킬 수 없기 때문에, 즉 정답이 없기 때문에 다양한 배부기준이 존재하며 어떠한 배부기준을 제시하더라도 사업부는 각각의 이해관계에 따라 불만을 표출하기 마련이다. 만일 공통비의 배부에 대한 이슈가 첨예해서 사업상 문제가 심각해진다면, **공통비를 합리적으로 배부하기 위해 힘을 쓰기보다는 가급적 공통비를 최소화**[7]**하기 위한 노력을 기울이는 데 초점**을 맞추는 것도 방법이 될 수 있다.

---

7) 공통비를 최소화하는 방법에 대해서는 'Part 3'에서 기술하였으니 참고하길 바란다.

어떻게 성과를
측정해야 할까? (1)

비용중심점 및 이익중심점의 성과측정

⚙ 매장의 성과를 속속들이 분석해보자.

성과 측정과 관련하여 책임중심점 및 공통비의 의미를 알아보았는데, 간단한 사례를 통해서 책임중심점별로 어떻게 성과를 측정할지에 대해서 살펴보자. 미리 이야기하지만 **비용중심점, 수익중심점 및 이익중심점은 대부분 공헌이익계산서를 통해서 성과 측정이 가능**하다. 다만 투자중심점은 성과를 측정하는 방법이 다양하기 때문에 뒤에서 더 자세히 이야기할 예정이다.

카페 사업을 운영하고 있는 태윤 사장은 효율적인 손익관리를 위해서 매월 예상되는 공헌이익계산서를 작성하고 실제 결과와 비교하고 있는데, A매장의 예상 및 실제 수익과 비용은 다음과 같다. A매장은 5월에 목표판매량으로 2,000잔을 예상하고 있으며, 한 잔당 부가세를 제외하고 3,000원으로 판매하고 있었다. 또한 변동원가로는 원두만 포함되는데, 커피 한 잔 당 10g이 소요되며 원두 g당 가격은 100원이다. 그리고 바리스타 인건비로 월 900,000원이 지급되고, 임차료로는 월

1,000,000원과 소모용품 구입 등 기타 고정비로 150,000원을 예상하고 있다.

하지만 실제 5월 달에 매장을 운영하던 중에 A매장 매니저가 목표 판매량 달성을 위해 영업시간을 일부 연장하고 판매가격을 3,000원에서 2,000원으로 할인 판매한 적이 있다. 그 결과 5월에는 총 2,500잔이 팔렸는데 그 중에 1,500잔은 정상적인 판매가격으로, 1,000잔은 할인된 가격으로 판매되었다. 그리고 실제 원두사용량은 예상보다 많게 30,000g이 사용되었으며, 바리스타 등 인건비도 연장 근로 때문에 예상보다 300,000원이 증가하였다. 다만 원가 절감 등으로 기타 고정비는 100,000원이 발생하였다. 예상과 실적을 비교하여 A매장의 성과를 측정해보자.

✦ A매장의 예상 및 실제 재무 정보 ✦

	예상	실제	비고
판매량	2,000잔/월	2,500잔/월	
판매가격	₩3,000/잔	₩3,000/잔	~1,500잔
		₩2,000/잔	1,501잔~
원두 사용량	20,000g	30,000g	1잔당 10g 소요 예상
원두 가격	₩100/g	₩100/g	
바리스타 등 인건비	900,000/월	1,200,000/월	
임차료	1,000,000/월	1,000,000/월	
기타 고정비	150,000/월	100,000/월	소모용품 등

결론부터 이야기하면 매출은 예상대비 증가하였지만 오히려 실제 영업이익은 예상 대비 감소하였다. 따라서 A매장을 잘 운영했다고 보기는 어렵다. 예상대로라면 6,000,000원의 매출이 발생했겠지만, A매장 매니저의 노력으로 6,500,000원으로 8% 매출이 증가하였다. 하지만 판매량으로 따져보면 2,000잔에서 2,500잔으로 25% 증가하였는데, 이는 매출 증가율보다 훨씬 높다. 또한 변동제조원가는 2,000,000원에서 3,000,000원으로 50%가 증가하였는데, 판매량 증가 때문이라고만으로는 보기 어려워 보인다. 그리고 바리스타 등 인건비 또한 연장 근로 등으로 예상보다 300,000원이 증가하였다.

✦ A매장의 실제 및 예상 공헌이익계산서 비교 ✦

	예상	실제	Diff : 실제-예상	Diff Ratio
매출	6,000,000	6,500,000	500,000	8%
변동원가	2,000,000	3,000,000	1,000,000	50%
변동제조원가	2,000,000	3,000,000	1,000,000	50%
공헌이익	4,000,000	3,500,000	(500,000)	-13%
고정원가	2,050,000	2,300,000	250,000	12%
바리스타 등 인건비	900,000	1,200,000	300,000	33%
임차료	1,000,000	1,000,000	0	0%
기타 고정비	150,000	100,000	(50,000)	-33%
영업이익	1,950,000	1,200,000	(750,000)	-38%

예상 대비 매출은 증가했지만, 그보다 비용이 더 크게 증가했다.
그리고 예상보다 최종 영업이익은 줄어들게 되었다.
어디서부터 잘못된 것일까?

그렇다면 매출을 늘리기 위한 A매장 매니저의 판단은 잘못된 걸까? 그리고 누가 어느 정도 수준에서 책임을 지는 것이 맞는 걸까? 또한 변동제조원가가 판매량 이외에 어떤 이유로 증가한 것일까? 책임중심 점별로 하나하나 따져보자.

⚙ 바리스타의 성과는 어떨까?

위 사례에서는 변동제조원가의 책임은 바리스타에게 있다. 즉, **일반 회사의 생산부서에 해당하는 바리스타는 변동제조원가에 대한 권한과 책임**이 있는데, 그렇다면 예상했던 2,000,000원에서 3,000,000원으로 증가한 1,000,000원의 변동제조원가에 대한 모든 책임은 바리스타에게 있는 걸까? 이를 확인하기 위해서는 세부내역을 조금 더 자세히 살펴볼 필요가 있겠다.

사례에서 커피 한 잔을 만드는 데 일반적으로 10g이 발생한다고 가정하였다. 하지만 실제 바리스타는 30,000g으로 2,500잔의 커피를 만들었는데, 이는 한 잔당 12g의 원두를 사용했다는 결과가 나온다. 즉, 2,500잔의 커피를 만들기 위해서는 25,000g의 원두를 사용할 것으로 예상하였는데 5,000g을 더 사용하였으므로, **비능률에 따라 추가 소비된 원두 5,000g에 해당하는 500,000원을 바리스타가 낭비**했다고 볼 수 있다.

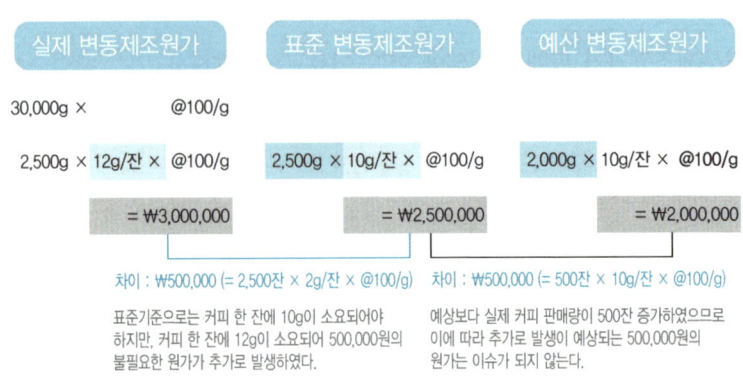

✦ 비용중심점의 성과 측정 : 바리스타 ✦

| 실제 변동제조원가 | 표준 변동제조원가 | 예산 변동제조원가 |

30,000g ×   @100/g

2,500g × 12g/잔 × @100/g   2,500g × 10g/잔 × @100/g   2,000g × 10g/잔 × @100/g

= ₩3,000,000   = ₩2,500,000   = ₩2,000,000

차이 : ₩500,000 (= 2,500잔 × 2g/잔 × @100/g)   차이 : ₩500,000 (= 500잔 × 10g/잔 × @100/g)

표준기준으로는 커피 한 잔에 10g이 소요되어야 하지만, 커피 한 잔에 12g이 소요되어 500,000원의 불필요한 원가가 추가로 발생하였다.   예상보다 실제 커피 판매량이 500잔 증가하였으므로 이에 따라 추가로 발생이 예상되는 500,000원의 원가는 이슈가 되지 않는다.

바리스타의 비능률에 따른 500,000원의 변동제조원가의 증가분 이외에도 추가적으로 500,000원[8]의 변동제조원가가 증가했는데, 나머지 500,000원은 어디서 증가한 것일까? 이는 커피의 판매수량에서 찾을 수 있다. 애초 2,000잔 판매를 예상했지만 판매량 증가로 500잔이 추가되었으며, 이에 따른 5,000g의 추가적인 원두가 사용되었다. 하지만 이는 바리스타 입장에서는 피할 수 없는 원가의 증가라고 볼 수 있다. **따라서 500잔 증가에 따라 발생된 원두의 추가 소요량 5,000g에 대해서는 바리스타가 통제할 수 없는 '통제불가능원가'로 분류하여 성과 측정 관점에서는 제외**되어야 한다. 바리스타의 성과를 논의할 때는 1잔당 10g의 원두를 초과하여 사용한 2g에 대해서만 비효율성 관점에서 500,000원의 불리한 성과를 논의하는 것이 합리적이다.

---

8) 총 변동제조원가는 1,000,000원이 증가했다.

✹ 매장 매니저는 잘한 걸까?

그렇다면 매장 매니저는 어느 정도까지의 성과를 인정받을 수 있는 걸까? 우선 매장 매니저의 책임수준을 확인할 필요가 있다. 만약 매장 매니저의 성과를 '수익중심점'이라고 한다면 매출의 증감[9]에 대해서만 책임을 질 필요가 있다. 하지만 사례에서 보듯이 일반적으로 수익이 증가하거나 감소하는 경우에는 비용도 영향을 받는다. 따라서 **수익에 대한 책임이 있는 부서 또한 관련된 직접적인 비용에는 책임을 부과받는 '이익중심점'으로 분류되는 것이 일반적**이다.

사례를 직접적으로 살펴보면 매장 매니저는 다양한 노력으로 실제 6,500,000원의 매출을 달성했으며, 예상 대비 500,000원의 매출을 증가시켰다. 하지만 관련된 변동제조원가 또한 1,000,000원이 증가하였는데, 이 중에 500잔의 판매량 증가에 따라 증가되는 표준 원두 소비량인 5,000g에 해당되는 500,000[10]원의 변동제조원가 증가분은 매장 매니저의 성과에 포함되어야 한다. 그리고 매출 증대를 위해 발생한 300,000원의 연장 근로수당 또한 매출 증대에 직접적인 관련이 있으므로 매장 매니저의 성과에 포함되어야 한다. 그리고 감소한 50,000원의 기타 고정비가 매장 매니저의 통제 가능한 비용이라면 매장매니저의 성과에 포함시켜야 하며, 그렇지 않다면 제외시켜도 무방하다.

---

9) 매출의 증감도 더 세부적으로 분석한다면 '통제 가능' 여부로 분류될 수 있다. 가령, COVID 19 등의 시장 자체의 위험으로 판매수량이 감소한 경우에는 이러한 책임을 책임중심점에 부과하기에는 무리가 있다.

10) 나머지 500,000원은 앞에서 언급한 것처럼 바리스타의 비효율적인 원두 사용으로 발생했으므로 매장매니저의 성과에 포함되지 않는다.

✦ 이익중심점의 성과 측정 : 매장 매니저 ✦

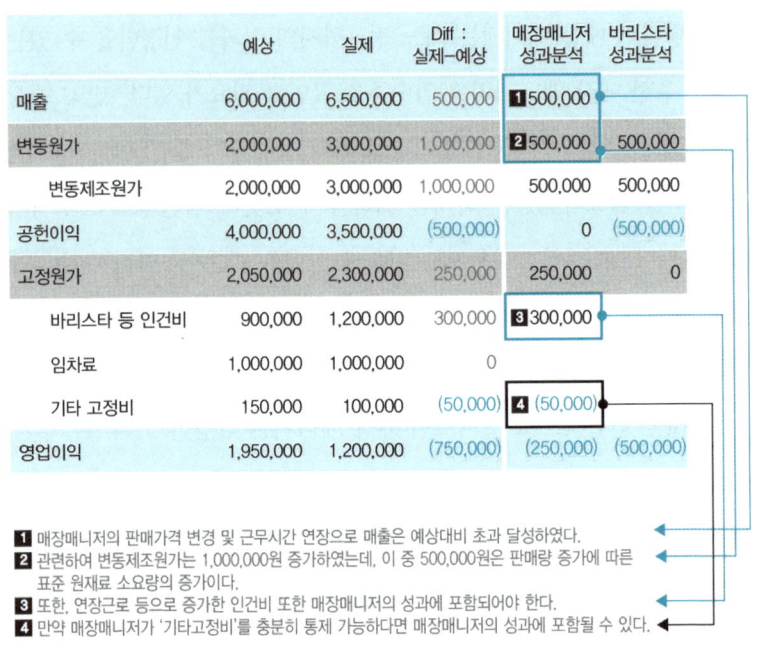

	예상	실제	Diff : 실제-예상	매장매니저 성과분석	바리스타 성과분석
매출	6,000,000	6,500,000	500,000	**1** 500,000	
변동원가	2,000,000	3,000,000	1,000,000	**2** 500,000	500,000
변동제조원가	2,000,000	3,000,000	1,000,000	500,000	500,000
공헌이익	4,000,000	3,500,000	(500,000)	0	(500,000)
고정원가	2,050,000	2,300,000	250,000	250,000	0
바리스타 등 인건비	900,000	1,200,000	300,000	**3** 300,000	
임차료	1,000,000	1,000,000	0		
기타 고정비	150,000	100,000	(50,000)	**4** (50,000)	
영업이익	1,950,000	1,200,000	(750,000)	(250,000)	(500,000)

1 매장매니저의 판매가격 변경 및 근무시간 연장으로 매출은 예상대비 초과 달성하였다.
2 관련하여 변동제조원가는 1,000,000원 증가하였는데, 이 중 500,000원은 판매량 증가에 따른 표준 원재료 소요량의 증가이다.
3 또한, 연장근로 등으로 증가한 인건비 또한 매장매니저의 성과에 포함되어야 한다.
4 만약 매장매니저가 '기타고정비'를 충분히 통제 가능하다면 매장매니저의 성과에 포함될 수 있다.

　따라서 사례의 결과를 보면 매장 매출은 예상대비 500,000원이 증가하였지만, 영업이익 관점에서는 750,000원이 감소하였는데, 이 중 비능률적인 생산에 따라 발생한 500,000원의 비용 증가는 바리스타의 성과에 포함되어야 하고 그 외 250,000원[11]의 이익 감소는 매장매니저의 성과에 포함된다.

---

11) 500,000원의 매출이 증가하였으나, 판매량 증가에 따라 500,000원의 원재료가 추가 소진되었고, 바리스타 인건비 또한 300,000원이 추가 발생하였다. 다만, 50,000원의 기타 고정비가 감소되었으며, 결국 총 250,000원의 이익 또한 감소하였다.

다만, **성과에 포함된다고 해서 불이익을 준다고만 생각하지 않는 것이 좋다.** 바리스타의 경우 애초 커피 한 잔당 10g을 사용하는 것을 가정하여 예산을 설정한 것이 비현실적이라고 결론이 난다면 이에 대한 조정을 통해 예산을 변경하는 것도 필요하다. 그리고 매출에 대해서도 COVID 19 등 통제 불가능한 요소로 인해 발생한 것일 수도 있으므로 이에 대한 고려를 통해 현실적으로 예산을 수정하여 실적을 비교할 필요도 있다.

어떻게 성과를
측정해야 할까? (2)

투자중심점의 성과측정

⚙ **투자의 효율성도 고려하자.**

만약 태윤 사장이 운영하고 있는 A매장과 B매장에서 매월 각각 100만 원과 50만 원의 순이익이 발생한다고 해보자. 어느 매장의 성과가 더 좋은 걸까? 다들 A매장이라고 생각할 수도 있겠지만, 각각의 매장에 투자한 금액을 고려한다면 다르게 보일 수도 있다. 가령 5년간 운영할 목적으로 A매장에 투자한 금액이 1억 원이고 B매장에 투자한 금액이 4천만 원이라고 해보자. 이 경우에 A매장에서 매월 100만 원의 순이익이 발생하고 5년 동안 운영한다고 가정하면 연간 투자—이익률은 12%가 된다. 이에 반하여 B매장에서 매월 50만 원의 순이익이 발생하고 5년 동안 운영한다고 가정하면 연간 투자—이익률은 15%가 된다. 이제 B매장이 달라 보이지 않는가?

✦ 투자대비 이익 분석 ✦

A매장의 연간 투자수익률

$$\frac{100만원 \times 12개월}{1억 원} = \textbf{12\%}$$

B매장의 연간 투자수익률

$$\frac{50만원 \times 12개월}{4천만 원} = \textbf{15\%}$$

이익의 절대적인 규모 측면에서는 A매장이 우월해 보이지만, 투자대비 이익률이라는 효율적인 측면에서는 B매장이 우월하다. 이처럼 **특정기간의 이익을 그 이익 발생에 기여한 투자로 나누어 성과를 측정하는 방식**을 'ROI(Return on Investment, 투자이익률)'라고 하는데, **투자중심점의 성과를 측정하는 데 자주 활용**된다.

⚙ ROI의 전격 해부 - 듀퐁 분석

ROI는 이익을 투자로 나누어 계산된다고 했는데, 이익과 투자를 어떻게 볼 것인지에 따라 다양하게 활용될 수 있다. 우선 투자 개념을 총자산으로 본다면 ROA(Return on Asset, 총자산수익률)를 계산할 수 있고, 투자 개념을 자기자본[12]으로 본다면 ROE(Return on Equity, 자기자

---

12) 사업을 운영하기 위해서는 자금이 필요한데, 이때 조달되는 자금을 크게 자기자본과 타

본수익률)로 활용할 수 있다. 총자산수익률은 말 그대로 타인자본인 부채와 자기자본인 자본을 모두 투자로 본다는 개념이고, 자기자본수익률은 타인자본, 즉 부채를 제외한 순수투자금만 자본으로 보고 이익률을 측정한다는 개념이다. 이익 또한 순수하게 영업이익만을 이익의 대상으로 할지 또는 영업외손익을 포함한 당기순이익을 그 대상으로 할지에 따라 다르게 평가될 수 있다.

✦ ROI의 확장 – ROA, ROE ✦

$$ROI = \frac{이익}{투자}$$

$$ROA = \frac{이익}{총자산}$$

$$ROE = \frac{이익}{자기자본}$$

ROI의 재무분석기법을 가장 잘 활용한 회사가 미국의 듀퐁이라는 회사인데, 1920년대에 해당 회사에 근무하던 전기공학자 출신 직원 도널드슨 브라운이 ROI를 분해해서 '듀퐁 분석'이라는 재무분석기법을 처음으로 활용하였다.

인자본으로 구분한다. 자기자본은 투자자들이 직접 사업 운영을 위해 투입한 자금을 의미하며, 타인자본은 타인의 자본을 빌려 사업 운영에 투입하는 자금을 이야기한다. 타인자본은 쉽게 이야기하면 재무회계에서 이야기하는 '부채'에 해당된다.

'듀퐁 분석'의 핵심은 – ROI 중 ROA를 기준으로 – ROA를 매출액 이익률과 자산회전율로 분해할 수 있다는 것이다. 그리고 자산 또한 현금, 매출채권, 재고자산 및 유형자산 등으로 세분화할 수 있는데, '듀퐁 분석'으로 계산된 결과는 **높은 ROI를 유지하기 위해서는 매출대비 높은 영업이익을 유지해야** 할 뿐만 아니라 자산을 빠르게 회전, 즉 **효율적인 자산의 활용**[13]도 **중요**하다는 것을 알려준다는 것이다. 이를 통해 세분화된 각 자산유형별로 얼마나 효율적 또는 비효율적으로 활용되고 있음을 쉽게 볼 수 있어 꽤 유용한 지표로 활용되고 있다.

✦ **듀퐁 분석의 구조화** ✦

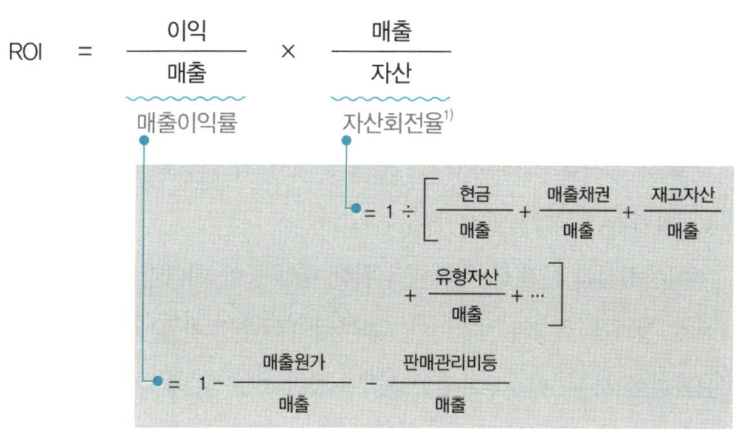

1) 자산회전율이란 매출을 발생시키기 위해 자산을 얼마나 사용했는지에 따라 계산된다. 따라서, 매출을 높이기 위해 더 적은 자산을 활용할수록 자산회전율은 높게 측정된다.

---

13) 예를 들어 동일한 매출을 발생시키기 위해 투입된 자산이 적다면 자산회전율이 높다는 의미이다. 이는 달리 표현하면 보다 적은 자산을 활용하여 높은 매출을 발생시켰다는 의미로 자산을 효율적으로 활용했는지 여부를 자산회전율로 확인할 수 있다.

⚙ 'ROI'만으로는 부족해 - 잔여이익과 EVA

하지만 ROI를 기준으로 성과를 측정할 때는 주의할 사항이 있다. 사례에서 현재 15%의 투자이익률을 달성하고 있는 B매장에서 13%의 투자이익률을 달성할 수 있는 추가 기회가 있고 여유 자금도 있다고 해보자. 과연 B매장의 매니저는 해당 투자기회를 받아들일까?

B매장 매니저의 성과를 투자이익률에 근거하여 평가한다면 B매장 매니저는 해당 기회를 외면할 가능성이 높다. 추가 기회는 현재 유지하고 있는 15%의 투자이익률보다 낮기 때문에 신규 투자를 받아들이면 B매장 전체의 투자이익률이 현재보다 낮아지기 때문이다. 하지만 사업 전체의 입장에서는 12%의 투자이익률을 달성하고 있는 A매장의 투자이익률보다 높기 때문에 해당 투자 기회는 수용하는 것이 총이익을 극대화할 수 있어 놓치지 않는 것이 좋다. 이처럼 ROI를 통한 성과 측정은 부문의 성과를 최대화하려는 나머지 전체 이익이 최대화되지 않는 '부문 최적화' 문제를 야기시킬 수 있다.

'부문 최적화 문제'를 해결하기 위한 대안 중에 하나가 바로 '잔여이익'으로 성과를 측정하는 것이다. '잔여이익'이란 투자를 하면서 최소한 벌어들여야 하는 '필수투자수익률[14]'을 회수하고 난 후에 발생하는 추가이익을 의미하는데, 일반적으로 '필수투자수익률'로 투자자본을 조달하기 위한 자본비용이 사용된다. 따라서 영업이익에서 자본비용을 차감하고 난 이익을 '잔여이익'이라고도 한다.

---

14) 개념적으로 보면 '필수투자수익률'은 투자를 통해 최소한으로 회수하여야 할 수익률로 정의된다.

앞선 사례에서 태윤 사장이 사업 전체적인 입장에서 필수투자수익률을 연 10%로 정했다고 해보자. 이 경우에 A매장은 월 100만 원 그리고 연간으로는 12백만 원이 이익이 발생하게 되는데, 투자금액은 1억 원이므로 필수투자수익률은 10% 기준으로 1,000만 원의 자본비용이 요구된다. 따라서 A매장의 1년간 잔여이익은 200만 원이 발생하게 된다. 동일한 방식으로 B매장은 월 50만 원 그리고 연간으로는 600만 원의 이익이 발생하게 되고 투자금액은 4,000만 원이므로 연간 400만 원이 자본비용이 요구된다. 그리고 B매장의 1년간 잔여이익 또한 200만 원으로 계산된다.

✦ **잔여이익의 계산식 및 A매장과 B매장의 잔여이익** ✦

잔여이익 = 영업이익 − 필수투자수익률 × 투자액

A매장 = ₩1,000,000 × 12개월 − 1억원 × 10% = ₩2,000,000

B매장 = ₩500,000 × 12개월 − 4천만원 × 10% = ₩2,000,000

잔여이익을 기준으로 투자중심점의 성과를 측정하게 되면 사업 전체의 이익을 최적화할 수 있기 때문에 앞서 ROI의 단점을 보완할 수 있다. 필수투자수익률은 각 투자중심점의 관점이 아니라 사업 전체의 관점에서 설정되기 때문이다. 하지만 잔여이익에서 이야기하는 '**필수투자수익률**'은 **다분히 주관적일 수 있다**는 단점이 있다. 또한 잔여이익으로만 성과를 측정하게 되면 앞서 ROI에서 이야기한 **투자자본의 효율적인 운영을 직접적으로 확인하기 어렵다**는 단점 또한 남아 있다.

'잔여이익'을 한 단계 발전시켜 성과를 측정하는 방법이 있는데 이를 EVA(Economic Value Added, 경제적 부가가치)라고 한다. **EVA의 계산 방식은 잔여이익의 계산 방식과 흡사하다. 다만** 재무회계에서 기록하는 **영업이익과 투자액** 또는 자본을 그대로 활용하는 것이 아니라 관리회계에 맞도록 **조정하여 계산**하고 있으며, **영업이익 또한 세후 관점으로 계산**한다는 점에서 차이가 있다. 일례로 재무회계에서는 연구비는 당기 비용으로 그리고 개발비는 자산화하여 상각하도록 하고 있다. 하지만 EVA 관점에서는 연구비를 개발비와 동일하게 자산화하여 상각처리하는 방식으로 취하고 있다. 그 외에도 자산평가 또는 처분손익을 영업이익에 포함하고 있으며, 투자액에는 자기자본뿐만 아니라 이자가 발생하는 부채를 포함한다. 이처럼 투자중심점의 성과를 측정하기 위해 재무회계를 조정하여 산출하는 방식이 EVA 방식이라고 보면 되며, 관리회계 기초 입장에서는 이 정도 수준에서 이야기하면 될 듯하다.

✦ **EVA 계산 방식** ✦

경제적 부가가치 = 조정 세후영업이익 − 자본비용 × 조정 투하자본

회계고수를 위한

Tip

다양한 매출 할인,
어떻게 성과에 포함시킬까?

한 회사에서 다양한 사업부나 매출채널 등을 운영하는 경우에 가장 접근하기 쉬운 성과평가 방법이 바로 '영업이익률'이다. '영업이익률'은 해당 사업부나 매출채널 등에 대한 영업이익을 매출액으로 나누어 계산되는데, 문제는 매출액을 어떻게 보느냐에 따라 영업이익률의 편차가 크다는 점이다.

가령 어떤 회사에서 제품을 대형마트에 도매가로 납품하기도 하고 직접 온라인 매장에서 소매가로 판매하기도 하는 경우를 예로 들어보자. 일반 소비자가격이 10,000원인데 대형마트에는 30% 할인된 가격으로 제품을 공급하고 판매관련 부대비용은 대형마트에서 부담하기로 하였다. 그에 반하여 온라인 매장에서는 10,000원에 판매가를 제시하고 판매촉진 및 판매수수료 등 판매관련 부대비용은 회사에서 부담한다고 한다. 그리고 대형마트와 온라인 매장에서 각각 제품 1개를 판매하였는데, 동일하게 영업이익은 2,000원이 발생했다고 해보자.

대형마트와 온라인 매출의 영업이익을 재무회계기준으로 비교해보면 각각 29%와 20%로 계산된다. 대형마트의 실제 매출액은 할인판매한 7,000원이기 때문이다. 그리고 온라인 매출의 경우에는 실제 매출은 10,000원이 발생했고 판매관련 부대비용은 판매관리비로 계산되었다. 이에 반하여 대형마트를 위해 할인된 30%는 온라인 매출에서 직접 부담할 판매관련 부대비용을 대형마트가 부담했기 때문이라고 볼 수 있다. 즉, 영업이익의 실질에는 차이가 없음에도 불구하고 판매 방식에 따라 영업이익률이 다르게 계산된다.

✦ 도매 Channel과 소매 Channel의 성과 비교 ✦

	재무회계 관점		관리회계 관점	
	대형마트	온라인 매장	대형마트	온라인 매장
매출	7,000	10,000	10,000	10,000
매출할인			(3,000)	
매출원가	(5,000)	(5,000)	(5,000)	(5,000)
매출총이익	2,000	5,000	2,000	5,000
판매할인		(3,000)		(3,000)
영업이익	2,000	2,000	2,000	2,000
영업이익률	28.6%	20.0%	20.0%	20.0%

재무회계 관점에서는 실제 거래된 금액 그대로 매출을 기록해야 하지만,
관리회계 관점에서는 성과 관리를 목적으로 매출을 그 목적에 맞게 기록할 수 있다.

이럴 때 대형마트도 온라인 매출과 동일하게 10,000원으로 설정하고 영업이익률을 비교하는 것이 대안이 될 수 있다. 대형마트에 가격을 할인해주는 이유 또한 직접 판매와 관련된 부대비용 등을 보전할 수 있기 때문이다. 따라서 대형마트 판매에도 10,000원의 매출을 인식하고 할인된 3,000원은 판매수수료 등의 판매부대비용으로 관리한다면 조금 더 공정한 성과측정이 될 수 있다. 그리고 한발 더 나아가면 **비교 목적으로 활용되는 제품의 판매가격은 회사가 사전에 설정한 '권장소비**

자가' 또는 '정상소비자가' 등으로 **활용**하는 것이 좋다. 직접 판매 또한 수량 할인, 쿠폰 프로모션, 특별 행사 등 다양한 할인이 존재하기 때문에 실제 매출액이 일정하지 않기 때문이다.

다만, 아쉬운 것은 '권장소비자' 또는 '정상소비자가'를 매출로 기록하고 매출 할인을 비용으로 기록하는 방식은 **재무회계에서는 인정하지 않는 방식**이다. 따라서 **관리회계와 재무회계상 손익을 별도로 관리해야 하는 부담은** 여전히 존재한다.

05

성과 관리는
핵심 위주로 간결하게

KPI 선정 방법

⚙ KPI가 자주 활용되는 이유

경영의 그루 피터 드러커가 주창한 MBO[15]가 도입된 이례로 많은 회사들이 목표 달성여부를 평가하는 지표로 KPI를 운영하는 경우를 자주 볼 수 있다. KPI(Key Performance Index)란 핵심성과지표를 의미하는데, 성과를 제대로 측정하겠다는 이유로 너무 많은 지표로 조직 또는 개인의 목표 달성여부를 평가한다면 평가대상자에게 혼란을 줄 수 있기 때문에 가장 중요한 소수의 지표만으로 성과를 측정한다는 의미이다. 따라서 다양한 지표 중에서 가장 중요한 지표를 선정하여 KPI로 삼는데, KPI로 선정되기 위한 중요한 조건 중 하나가 바로 '측정가능성'이다.

사업에 있어서 중요한 목표 중 하나는 '이익추구'이기 때문에 '측정가능성'이라는 조건과 맞물려 대부분의 KPI는 매출액성장률, 영업이익

---

15) MBO란 목표에 의한 관리(Management by Objective)를 의미하며, 일정기간 동안 조직 내에 각 개인이 사전에 목표를 설정하고 목표 달성여부에 따른 결과를 기준으로 보상과 연계하는 제도로, 일상의 관리 업무에서 전략 결정까지 광범위한 업무를 대상으로 한다.

률 등 재무지표 위주로 선정되고 한다. 하지만 조직 내에서는 다양한 부서 및 수많은 업무가 존재하기 때문에 '재무지표'만으로는 정확한 조직 또는 개인의 성과를 측정하기 어렵다는 판단하에 요즈음에는 '비재무적지표' 또한 중요한 KPI로 선정되기도 한다. HR 부서의 경우에 인력관리가 중요하기 때문에 '최근 3년간 이직률', '핵심인력 유지율' 등을 KPI로 선정하는 것 또한 '비재무적지표'의 선정 사례로 볼 수 있다.

⚙ KPI가 제대로 활용되기 위한 조건

문제는 올바른, 즉 부서나 직원들이 목표를 달성하도록 동기를 부여할 수 있는 KPI를 발굴하는 것은 생각보다 까다롭다는 데 있다. 이러한 문제 때문에 회계에서도 올바른 **KPI를 선정하기 위한 기준으로 ① 측정가능성, ② 업무대표성, ③ 관리가능성 등을** 소개하고 있다.

'측정가능성'이란 말 그대로 수치화할 수 있어야 한다는 의미인데, 가령 '직원의 행복지수'를 KPI로 선정한 경우에는 이상적으로 들릴 수도 있겠지만 실제 '행복지수'를 객관화하여 평가하기는 쉽지 않기 때문에 좋은 KPI라고는 볼 수 없다. 또한 **'업무대표성'이란 선정된 KPI를 통해 수행하는 업무가 목표 달성을 위한 대표성이 있어야 한다는** 의미이다. 만약 카페에서 원가절감을 중요시한 나머지 바리스타의 KPI로 '커피 한 잔당 투입된 원두량'만을 선정했다고 해보자. 이런 경우에 바리스타는 커피의 맛에는 신경 쓸 이유가 없기 때문에 올바른 KPI로 보기는 어렵다. 마지막으로 **'관리가능성'이란 선정된 KPI가 내부적인**

노력으로 달성 가능해야 한다는 의미이다. 만일 '물가지수'를 KPI로 선정하고 급여 인상을 물가지수에 연동한다고 하면 어떨까? 물가지수는 한 회사의 직원들이 아무리 노력해도 관리할 수 없는 지표이기 때문에 KPI로 선정되기에는 부적절해 보인다. 올바른 KPI 설정이 얼마나 중요한지를 사례를 통해 확인해보자.

⚙ 사내도서관을 어떻게 활성화할 수 있을까?

한 중소기업에서 직원의 복지향상을 위해 사내도서관을 운영하면서 사내도서관 활성화를 위해 도서관을 이용하는 직원들에게 '복지포인트'를 제공하였다. 나름 '복지포인트'가 쏠쏠했는지 사내도서관을 이용하는 직원들의 수가 부쩍 늘었는데, 시행 후 몇 개월이 지나자 여기저기서 불만이 터져 나오기 시작했다고 한다. 직원들이 상대적으로 읽기 쉬운 얇은 책이나 만화 위주로 대여가 늘어나는가 하면, 읽지도 않으면서 월말에는 대량으로 책을 대여했다가 반납하는 건수도 늘기 시작했다는 거다. 그러다 보니 정작 책을 읽고 싶어 하는 직원들이 책을 읽지 못하는 경우도 발생했다. 해당 사례는 필자가 한 회사 담당자로부터 지나가다 들은 푸념 아닌 푸념이었는데, 독자들은 어떤 해결책을 생각하시는지….

당시 필자는 회사 담당자에게 도서관활성화를 위해 '대출권수'로 측정되는 현재의 KPI를 조정하면 어떠냐는 제안을 했던 기억이 난다. 실제 직원들의 독서를 장려하기 위해 책을 읽었는지 여부를 알 수 있는 간략한 '독서감상평'을 사내게시판에 등록하거나 책과 관련된 Quiz를 풀고 Pass하는 경우 등을 말이다. 또한 단순히 독서를 장려하기보다는 도서 유형별로 가중치를 두는 것도 고려하기를 제안했다. 그리고 한 달간 가장 많은 책을 대여한 사람, 한 달간 독서감상평을 많이 제출한 사람, 전공서적을 가장 많이 읽은 사람 등 복지포인트를 다양한 기준으로 분산하여 제공하는 방식도 제안을 했던 기억이 난다.

⚙ KPI가 제대로 활용되지 않는 이유

경영 컨설팅을 하다 보면, KPI의 운영과 관련하여 다양한 불만을 여기저기서 듣게 된다. 때로는 KPI 무용론을 주장하거나 조직이 사람을 사람으로 대우하지 않는다는 날 선 비판을 들은 적도 있다. 그리고 조직이 목표로의 몰입만을 강조하면 직원의 창의성을 저해하기도 한다는 자성의 목소리도 들었다. 하지만 조직의 목표를 보다 효율적이고 효과적으로 달성하기 위해서는 '목표 수립'이 필요하다는 것은 피할 수 없는 사실임에 틀림없다. 필자의 생각으로는 KPI 자체가 문제라기보다는 올바른 KPI를 발굴하지 못하고 원활하게 운영하시 못하고 있는 것은 아닌지 고민해 볼 필요가 있다.

BSC의 탄생

위에서 언급한 '비재무지표'에 대한 강조는 Kaplan과 Norton이 제시한 BSC 이론에서 등장한다. BSC(Balanced scorecard, 균형 잡힌 성과표)란 조직이 점점 대규모화되고 복잡해짐에 따라 조직 내부의 다양한 경쟁우위를 확보하고 단기적인 성과에 초점이 맞춰져 있는 재무지표의 한계를 극복하고자 마련한 성과평가지표의 측정방법 중 하나이다.

비행기를 운전하는 조정석을 생각해 보면 비행기 계기판에는 수많은 계측기들이 있고, 이를 정밀하게 관리해야 비행기를 안전하게 운전할 수 있다. 이와 마찬가지로 기업을 효율적 그리고 효과적으로 관리하기 위해서는 재무지표뿐만 아니라 비재무지표도 충분하게 관리되어야 한다는 것이 BSC가 추구하는 목적이다.

BSC를 구체적으로 살펴보면, 조직은 재무, 고객, 내부프로세스 및 학습과 성장이라는 4가지 관점에서 균형을 유지할 수 있도록 성과평가 체계를 설계해야 한다고 주장하고 있다. 가령, 매출액 증가(재무적 관점)를 위해서는 고객 만족도와 고객 충성도(고객관점)를 관리해야 하며, 이를 위해서는 서비스를 강화(내부프로세스 관점)해야 한다. 또한 외부 또는 고객 서비스를 강화하기 위해서는 종업원 만족도(학습 및 성장 관점)를 높여야 하는데, 이를 위해서는 내부 서비스 품질(학습 및 성장 관점) 향상을 위해 노력해야 한다. 이를 도식화하면 그림과 같은데, 해당 도식화처럼 **각 관점의 목표를 달성할 수 있는 KPI 지표를 도출하는 것이 BSC의 핵심**이라고 할 수 있다.

✦ BSC 예시 ✦

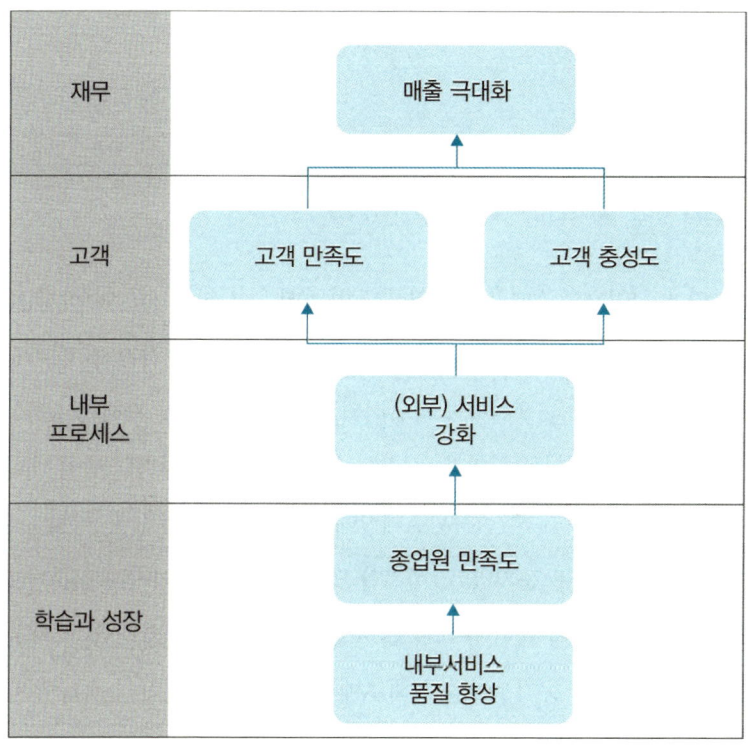

우리가 남이가?
이러시면 안 됩니다.

사내대체가격의 결정

⚙ 회사만 잘 되면 되는 거 아닐까?

카페 사업으로 A매장을 운영하고 있는 태윤 사장은 사업이 잘 되자 B매장을 추가로 오픈하였다. 영업 초기라 B매장이 안정화가 될 때까지는 A매장에서 빵을 생산하여 공급하기로 하였는데, 공급가격은 A매장의 제조원가로 하기로 하였다. 시간이 지날수록 A매장에서도 빵에 대한 수요가 점점 커지기 시작하자, A매장에서 B매장으로 빵을 공급하는 것을 부담스러워하는 눈치였다. 하지만 B매장은 아직 베이커리 전문가를 고용하기에는 빵에 대한 수요가 많지 않아 부담스러운 상태였다. 태윤 사장은 경쟁적인 동기부여를 위해 A매장과 B매장을 각각의 성과에 따라 별도 보상을 지급하고 있었는데, 어느 날 갑자기 A매장에서 B매장에 더 이상 빵을 '제조원가'로 공급할 수 없다는 통보를 해왔다. 이에 B매장의 총괄매니저는 태윤 사장에게 사업 전체적인 관점에서는 이러면 안 되는 것 아니냐며 A매장의 총괄매니저를 설득해달라는 요청을 해왔다. 태윤 사장의 생각으로도 매장별 손익을 관리하는 입장에서는 A매장의 입장도 이해되지만, 매장 간 지원이 원활하지 않으면 사업 전체적으로는 이슈가 발생할 것 같기도 하다. 과연 태윤 사장은 A매장과 B매장 간의 문제를 어떻게 해결하면 좋을까?

사례처럼 여러 매장이나 여러 사업부를 운영하다 보면, 매장이나 사업부 간 거래가 발생하기 마련이다. 가령 여러 카페매장을 운영한다고 할 경우에, 원두나 빵이 부족해서 매장 간 물품을 주고받거나 주말에 발생하는 종업원 교차 지원 등을 예로 들 수 있다. 이처럼 한 회사 내에서 매장이나 사업부 간에 물건을 주고받거나 서비스를 제공하는 거래를 '내부거래' 또는 '사내대체거래'라고 하며, 사내대체거래 시 주고받는 가격을 '이전[16]가격' 또는 '사내대체가격'이라고 부른다.

일반적으로는 사업 전체적인 관점에서는 내부거래의 이전가격, 즉 사내대체가격을 얼마로 할 것인가는 문제가 되지 않는다. 물건을 팔거나 서비스를 제공하는 공급부서 또는 매출부서에서는 수익이지만, 구매부서 또는 매입부서에서는 비용이므로 사업 전체적으로는 사내대체거래만으로는 손익이 발생하지 않기[17] 때문이다. 하지만 매장이나 사업부문별 성과에 따라 보상이 주어진다면 사내대체가격은 충분히 민감해질 수 있는 문제이다. 각 매장이나 사업부가 사내대체가격을 어떻게 결정하느냐에 따라 매장이나 사업부문별 손익은 달라질 수 있기 때문이다.

만일 각 매장이나 사업부가 외부거래처하고만 거래를 한다면 별 다른 고민이 필요 없다. 공급가격은 자연스럽게 시장 가격에 따라 결정되

---

16) 회사 외부거래처와 발생하는 거래가 아니므로 '이동'이라는 의미로 '이전'이라고 부르기도 한다.
17) 만일 내부거래로 인해 재고자산 등을 인식하는 경우에는 내부이익 또는 내부손실이 발생할 수도 있지만, 해당 논의는 조금 복잡한 주제이므로 여기서는 다루지 않기로 한다.

기 때문이다. 하지만 사내대체가격은 시장 가격에 따라 결정되지 않는 경우가 대부분이다. 사업의 전략, 내부이해관계 등에 따라 전략적으로 결정되거나 힘의 관계에 따라 결정되기도 한다. 이런 경우 일부 매장이나 사업부에서는 상대적으로 기회손실을 입을 수도 있다. 그렇다고 각 매장이나 각 사업부가 자신의 이익을 위해 사업 전체의 이익을 고려하지 않는다면, 사업 전체의 이익은 최적화되지 않을 가능성[18]이 있어 그냥 넘어갈 수 있는 문제는 아니다.

🌑 사내거래를 대하는 회계의 자세

회계에서는 이러한 고민을 바탕으로 사내대체가격을 결정하는 다양한 방법을 소개하고 있다. 우선 A매장에서 외부, 즉 시장에서 판매되는 가격 그대로 B매장에 제공하는 것이다. 이를 '시장가격'이라고 하는데, 시장가격은 누구도 부인할 수 없는 공정한 가격이므로 매장이나 사업부 간 이슈를 최소화할 수 있다. 하지만 영업 초기나 신생 사업부의 지원 등 사업의 전체적인 전략 등이 반영될 수 없으며, 일부 제품이나 서비스의 경우에는 시장에서 가격이 형성되지 않는 경우에는 시장가격을 적용할 수 없다는 단점도 있다.

두 번째로 고려할 방법은 사례처럼 A매장이 빵을 생산하기 위해 발생한 '실제원가'를 기준으로 사내대체가격을 결정하는 것이다. 실제 원가는 비교적 이해하기도 쉽고 관리가 가능하다는 장점이 있다. 다만

18) 이를 '부문최적화'라고도 한다.

제품이나 서비스를 제공하는 매장 또는 사업부에서는 자신의 비능률적인 부분까지 실제원가를 통해 상대방에게 이전시킬 수 있다. 즉, A매장은 자신이 어떻게 원가를 관리하든지 간에 B매장에서 빵을 구매할 것이기 때문에 원가를 절감할 노력을 할 필요가 없다. 이러한 단점을 보완하기 위해 실제원가가 아닌 표준원가로 대체하기도 한다. 하지만 실제원가나 표준원가를 사내대체가격으로 설정하게 되면 A매장은 자신의 성과가 이익에는 반영되지 않는다는 불만이 있을 수 있다. 특히나 A매장에서 B매장에 빵을 제공하는 대신에 실제원가 이상으로 외부에 판매할기회가 있다면 A매장의 불만은 더 커지기 마련이다.

세 번째로 고려할 방법은 A매장에서 발생한 원가를 기준으로 일정한 이익을 가산하는 '이익가산'기준이다. 실제원가나 표준원가를 기준으로 적정이윤을 가산하여 사내대체가격을 결정하는 방법인데, 독자들도 눈치 챈 것처럼 적정이윤을 어떻게 합의하느냐가 매장 또는 사업부간 논쟁의 핵심이다. 즉, 빵에 대한 이윤을 얼마로 하느냐에 대해 A매장과 B매장 간에 첨예한 대립이 발생할 수 있다.

마지막으로 고려할 수 있는 방법은 '협상가격'기준이다. A매장과 B매장, 두 당사자들이 협상테이블에 앉아 가격을 결정하는 방법이다. 현실적으로 협상가격기준은 내·외부 공급자 및 고객이 존재하고 협상과정에서 상위 경영진이 간섭할 수 없을 때 협상을 통해 사내대체가격을 결정하는 것이 가능하다. 다만, 매장 또는 사업부 산 입장 차이가 큰경우에 쉽게 결론이 나지 않는다는 단점이 있다.

⚙️ 그래서 어쩌라는 겁니까?

결론적으로 이야기하면, 회계에서도 '사내대체가격이 이거다'라고 정답을 제시하기는 쉽지 않다. 사업마다 당면해 있는 경영환경이나 사업의 전략이 각각 다르기 때문이다. 다만 사내대체가격은 각 매장이나 사업부의 이익을 극대화하면서 사업 전체적으로 이익을 극대화할 수 있는 범위 내에서 결정하는 것이 바람직한데, 이를 회계적으로 풀어보면 다음과 같다.

✦ 사내대체가격 가이드라인 ✦

판매하는 입장에서의 **최소이전가격** = 단위당 변동원가 + 단위당 기회원가

구매하는 입장에서의 **최대이전가격** = Min [①, ②]

① 구매부서의 외부구입가격
② 최종제품 판매가격 − 추가가공원가

우선, **판매하는 입장에서는 최소한 단위당 변동원가를 보전할 수 있는 수준으로 제품가격을 제공**해야 한다. 고정원가의 경우에는 사내 또는 외부 판매와는 무관하게 발생하기 때문에 사내대체가격을 결정하는 데에는 영향을 미치지 않기 때문이다. 다만 만일 사내대체에 따라 기회원가가 발생하면 이를 추가로 고려해야 하는데, 가령 A매장에서 B매장에 100개의 빵을 매일 제공하는데 이 중에서 30개를 외부에 판매할 수 있다면 외부 판매에 따라 상실되는 이익 또한 기회원가에 포함해야 한다.

반면 구매하는 입장에서는 두 가지 관점을 고려해야 한다. 우선, 사내대체가격이 외부에서 구매하는 가격보다 커서는 안 된다. 외부에서 구매하는 가격보다 비싼 가격으로 구매한다면 구매하는 조직에서의 성과에 부정적인 영향을 미치기 때문이다. 그리고 구매하는 입장에서 판매하는 최종판매가격에서 추가로 발생하는 추가가공원가가 있다면 이를 차감한 금액 이하여야 한다. 만약 추가가공원가와 사내대체로 인한 구매가격이 판매가격을 초과한다면 구매 사업부에서는 손실이 발생하기 때문이다. 따라서 **구매하는 입장에서는 사내대체가격이 당연히 외부구매가격보다 작아야 하며, 최종판매가격에서 추가가공원가를 차감한 금액 이하로 결정**되어야 한다.

왜 사내거래는
사업 전체적으로는 "0"일까?

사내거래를 어떻게 설정하든 사업 전체적으로는 손익에 영향을 미치지 않는다. 왜 그런지 그 이유를 자세히 살펴보자.

사례처럼 태윤 사장이 운영하는 A매장에서 매일 100개의 빵을 개당 2,000원에 B매장에 판매한다고 해보자. 그리고 태윤 사장은 하나의 회사를 운영하고 있으며, A매장과 B매장은 이에 소속되어 있다. 이때 A매장은 매일 200,000원의 매출이 발생하고 B매장은 매일 200,000원의 매입비용[19]이 발생한다. 즉, 200,000원의 수익과 200,000의 비용이 동시에 발생하기 때문에 사업 전체적으로 이익에는 전혀 영향을 미치지 않는다.

---

19) B매장이 A매장으로부터 구입한 빵을 다 팔지 못하면 재고자산으로 남겠지만, 쉬운 이해를 위해 매일 100개의 빵이 전부 소진되었다고 가정한다.

✦ **사내거래는 사업 전체적으로는 항상 "0"이다.** ✦

	관리회계			재무회계
	A매장	B매장	사업 전체	사업 전체
수익	₩200,000	–	₩200,000	0
비용	–	(–)₩200,000	(–)₩200,000	0
이익	₩200,000	(–)₩200,000	0	0

재무회계 관점에서는 "매출 및 매입"의 임의조작 가능성 때문에 회사 내 사업부 간
이동은 회계처리를 인정하지 않는다.

한 가지 더 이야기하면 재무회계 입장에서는 사내거래는 별도의 회계처리로 기록해서는 안 된다. 한 회사 내에서 A매장에서 B매장으로의 사내거래는 단순히 제품의 사업장 이동이므로 관련 매출 및 매입 거래는 발생하지 않는 것으로 처리되어야 한다. 만일 사내거래를 매출 및 매입 거래로 인정한다면 외부판매가 전혀 없더라도 매출과 매입의 규모를 회사 마음대로 늘릴 수 있기 때문에 외부이해관계자에게 오해의 소지를 줄 수 있기 때문이다.

하지만 관리회계에서는 명확한 성과평가를 위해서는 사업부 간 이동도 매출 및 매입으로 각각의 사업부에 손익을 귀속시켜야 하므로 별도의 회계처리를 필요로 한다. 그리고 재무회계 관점에서는 사내거래는 취소되어야 하는데, 이에 따라 **재무회계와 관리회계의 재무정보에는 차이가 발생**한다. 그리고 이러한 차이가 '**경관불일치**[20]'가 발생하는 중요한 이유 중 하나이다.

---

20) 일반적으로 내부 목적으로 회계정보를 수치화하는 '관리회계'는 엄격한 외부 규정을 받는 '재무회계'와는 다른 방식으로 처리될 수 있는데, 이러한 차이를 모두 '경관불일치'라고 한다.

06 우리가 남이가? 이러시면 안 됩니다. **239**

돈이 쌓이는 회계

: 사업을 운영하는 사람들을 위한 여섯 번째 관리회계 도구

Part 6

사업계획을 잘 세우고
싶다면 알아야 할 것들

사업에 목표와 계획을
세워야 하는 이유

예산 관리의 의의

⚙️ 낯선 길, 어떻게 찾아가세요?

낯선 장소에서 친구를 만나기로 했다면, 어떤 것부터 해야 할까?

일반적이라면 먼저 스마트폰의 지도앱을 꺼내 목적지를 검색할 수 있겠다. 검색을 하면서 목적지 위치가 어디인지, 거리가 얼마나 떨어져 있는지, 시간은 얼마나 걸리는지, 그리고 빠르게 또는 편안하게 가려면 어느 경로로 가는 게 좋은지 등등을 확인할 수 있겠다.

하지만 어떻게 갈지 결정했다고 해서 그냥 가지는 않을 것이다. 중간 중간 목적지를 향해 잘 가고 있는지 확인도 할 것이며, 때로는 친구가 언제 도착하는지를 확인한 후 이동 속도를 결정할 것이다. 너무 빠르게 또는 너무 늦게 도착하지 않기 위해서….

사업을 할 때도 마찬가지이다. 장단기 목표를 설정하고 목표를 달성하기 위해 장단기 계획을 수립하고 지속적으로 목표달성 여부를 확인해야 비로소 원하는 목표에 다가갈 수 있다. 즉, 사업의 목표와 계획[1]을 잘 수립하고 중간 중간 점검하는 절차가 필요하다.

☸ 계획 수립도 '회계'적으로…

　사업의 목표를 수립하고 이에 따른 계획을 작성하는 과정을 '예산 수립'이라고도 하는데, **'예산'이란** 사전적으로 **사업계획을 화폐 단위로 계량화하는 것**을 의미한다. 사업계획을 수치화하는 예산수립 과정을 통해서 목표를 구체화하고 세분화할 수 있으며, 한정된 자원을 효율적으로 배분할 수 있기 때문에 생각보다 예산 수립 과정은 사업에 있어서 중요한 부분 중 하나이다.

　예산의 가장 중요한 기능 중 하나는 **미래의 불확실한 상황을 예측하고 대비하는 것**이다. 예산은 미래 경영활동에 대한 자원배분 방식을 결정[2]하는 것이기 때문에 현재의 불확실한 추정에 의존할 수밖에 없다. 예산을 수립하는 과정은 - 제한적이긴 하지만 - 이러한 **불확실한 상황을 내부자원을 기반으로 합리적인 가정을 세워 미래를 예측하도록 강요**한다. 가령 미래에 환율이 어떻게 변할지는 아무도 알 수는 없지만, 예산을 수립하려면 현재 상황에서 다양한 대내외 정보를 활용해 미래 환율을 예측할 수밖에 없다.

　또한 수립된 예산은 시간이 지난 뒤에 실제 발생한 결과와 비교하기 마련이다. 여기에서 예산이 두 번째 기능을 확인할 수 있다. 바로 실제 성과와 비교평가를 통해 예산수립 절차와 가정을 보완함으로써 향후

---

1) '목표'와 '계획'은 비슷하게 들리지만, 분명한 차이가 있다. 사전적 의미로도 '목표'란 행동을 취하여 이루려는 최후의 대상을 의미하며, '계획'이란 앞으로 할 일의 절차, 방법, 규모 따위를 미리 헤아려 작정함이라는 의미이다.
2) 자원배분이 필요한 이유는 자원이 유한하기 때문이며, 자원에는 유형의 자원뿐만 아니라 시간 등 무형의 자원도 포함된다. 가령 학생이 게임을 할지 공부를 할지 고민하는 이유 또한 게임을 하면 상대적으로 공부할 시간이 줄어들기 때문인데, 이 또한 '시간'이라는 자원이 유한하기 때문에 발생한다.

사업계획이 더욱 정교해질 수 있다. 예산이란 미래에 달성하고자 하는 목표를 중심으로 수립하기 때문에 예산과 실제 성과의 차이를 통해 목표의 달성 정도를 가늠해볼 수 있다. 또한 목표와 실제 성과에서 발생한 차이의 원인을 분석해 장점을 수용하고 단점을 보완할 수 있다. 특히나 **사업계획은 일회성에 그치는 것이 아니기 때문에 예산과 실제를 비교하는 과정을 거쳐 미래에 좀 더 정교한 사업계획을 세울 수 있도록 하는 것은 매우 중요**하다.

세 번째로 예산을 수립하는 과정에서 **부문 간 또는 부문과 사업 전체 간의 목표를 조화**시킬 수 있다. 혼자 사업을 한다면 이러한 문제는 없을 수도 있겠지만, 사업은 다수의 사람이 모여 진행하기 마련이다. 이때 사업 전체의 목표를 달성하기 위한 부문의 세부 목표는 다를 수도 있다. 실제 예산을 수립하는 과정에서 판매부서와 생산부서 간 이해충돌이 자주 발생하는 것을 볼 수 있는데, 판매부서는 가능한 판매량을 늘리기 위해 재고를 많이 가져가려고 한다. 반면 생산부서는 많은 재고를 가져가는 것은 부담이 되기 때문에 적정 재고 또는 최소한의 재고를 가져가려고 하는 경향이 있다. 이럴 경우 사업계획을 통해 예산을 수립하는 과정에서 사업 전체적으로 가능한 판매 수량을 설정한다면 사업 전체의 목표 아래 판매부서와 생산부서 간 목표를 조화시킬 수 있다.

그 외에도 예산을 수립하는 과정을 통해 **조직구성원에 대한 동기를 부여**할 수도 있다. 예산을 수립하기 위해서는 회사의 목표 및 나아갈 방향을 설정하고 이에 맞춰야 하기 때문이다. 또한 예산 수립 과정에서 비효율적인 요소[3]는 고려하지 않거나 가능한 적게 고려하기 때문에 자연스레 사업 운영을 위한 원가절감을 유도할 수 있는 장점도 존재한다.

---

[3] 판매계획이 독립적으로 수립되는 경우에는 미래에 대한 불확실성으로 판매를 위한 재고를 과다하게 보유하는 방향으로 사업계획이 수립되기도 한다. 즉, 흔히 말하는 여유(Buffer) 재고를 설정하기도 하는데, 실제 예산을 수립하는 과정에서 다양한 부서와 협의를 통해 이러한 여유재고가 고려되지 않거나 최소한의 수량으로 조정되는 경우가 많다.

'계획오류'와 '예산게임'

계획을 세우다 보면, 특히나 의욕에 넘쳐있을 때에 수립된 계획은 일정이 더 늦어지거나 예상되지 않은 비용이 더 많이 발생하는 경우가 있다. 이러한 현상을 '계획의 오류' 또는 '호프스태터의 법칙'이라고도 부르는데, 미국의 심리학자 더글러스 호프스태터(Douglas Hofstadter)가 자신의 이름을 따서 붙인 이름이다.

호프스태터는 자신의 저서 '괴델, 에셔, 바흐 : 영원한 황금의 노끈'에서 '당신의 예상보다 늘 오래 걸린다. 당신이 호프스태터의 법칙을 고려했다 하더라도…'라고 이야기했는데, 일정이 늦어질 것이라도 예상해서 넉넉하게 일정을 잡아 놓더라도 그 넉넉한 일정보다 더 늦어지게 된다는 것을 의미한다.

'호프스태터의 법칙'이 발생하는 이유 중 하나는 계획을 세우는 과정에서는 최상의 조건을 기대하였지만, 일을 진행하다 보면 예상하지 못하는 또는 잘 해결될 것이라고 생각하고 넘어간 문제들이 실제로 발생하면서 계획했던 것보다 훨씬 더 많은 시간과 비용이 들게 된다는 것이다.

시드니의 랜드마크인 '오페라하우스'가 바로 '계획의 오류'의 사례로 유명한데, 1956년 오스트레일리아의 뉴사우스웨일스 주는 시드니에 오페라하우스를 짓기로 하고 국제 설계 대회를 열어 세계 최고의 건축

가인 예른 웃손을 적임자로 발탁하였다. 웃손의 설계에 따르면 시드니의 오페라하우스는 1957년에 시작하여 1963년에 약 77억 원의 비용을 들여 완공하는 것이 목표였다. 하지만 지붕에 사용할 특수 세라믹 타일을 개발하는 데에만 3년 이상이 소요되었으며, 지붕 구조물을 짓는 데에도 8년 이상이 걸렸다. 이는 계획에는 없는 일이었다. 이런 저런 예상하지 못한 문제들을 해결해나가면서 결국에는 1973년에야 1,100억 원의 돈을 들여서야 문을 열 수 있었는데, 비용만을 따져 봐도 계획 대비 무려 14배의 비용이 발생하게 되었다.

이와는 다르게 계획을 수립하기 전에 예산목표를 너무 낮게 설정하는 경우도 존재한다. 일반적으로 목표는 성과와 연계되어 있기 마련인데, 이에 조직 구성원들은 보너스 등 성과달성 또는 초과달성하기 위해 목표를 낮게 설정하려는 시도를 하기도 한다. 즉, 예산목표를 성취하기 위해 각 구성원들이 필요 이상의 과잉 자원을 요구하거나 성과에 대한 기대를 낮추기 위해 정보를 왜곡하려고도 하는데, 이러한 과정을 '예산게임'이라고도 한다.

따라서 목표 및 계획을 수립할 때는 '계획의 오류'에 빠지지는 않았는지도 검토할 필요가 있지만, '예산게임'이 발생되지 않도록 목표 및 계획을 다소 높게 설정하되 실현 가능하도록 조율할 필요도 있다.

예산을 세우는 방법도
가지가지…

다양한 예산 수립 방법

⚙ 예산이라고 다 같은 예산이 아니다.

예산을 수립하려고 하면, 1년 단위로 진행하는 것이 일반적이다. 하지만 3~5년을 바라보는 중장기 사업계획을 준비하고 있다면 이에 맞추어 투자설비 등 대략적인 예산도 수립해야 한다. 또한 3개월 단위 또는 초단기로 사업계획을 준비하고 있다면 이에 맞추어 예산을 수립해야 정확한 손익 및 현금흐름 관리가 가능하다.

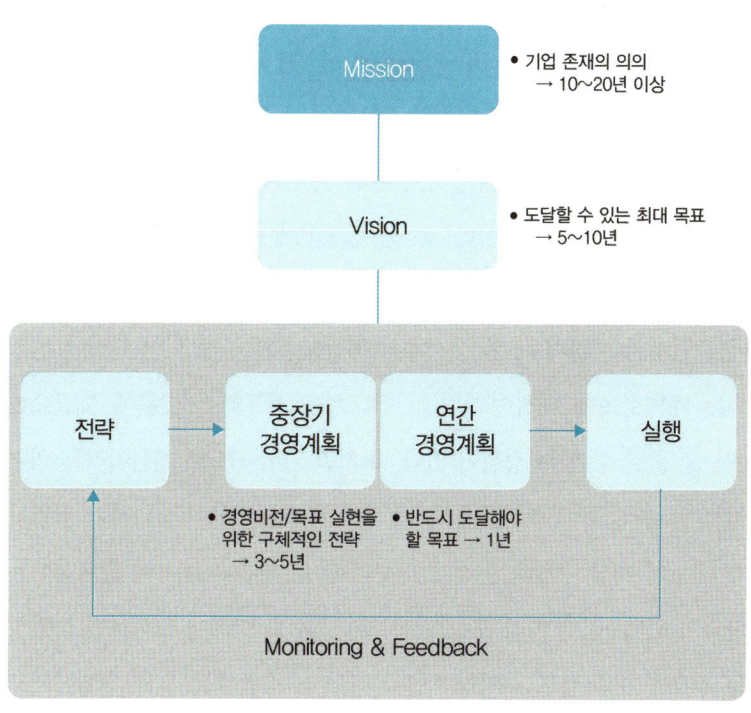

✦ 경영계획의 체계도 ✦

Mission
• 기업 존재의 의의
  → 10~20년 이상

Vision
• 도달할 수 있는 최대 목표
  → 5~10년

전략 → 중장기 경영계획 · 연간 경영계획 → 실행

• 경영비전/목표 실현을 위한 구체적인 전략 → 3~5년
• 반드시 도달해야 할 목표 → 1년

Monitoring & Feedback

그리고 매년 예산을 세운다고 하면, 대부분의 조직에서는 전년도의 예산과 실적을 기준으로 예산을 수립하는 게 일반적이다. 문제는 과거 기준으로만 예산을 수립한다면 비효율적으로 수립될 가능성이 높다. 가령 마케팅부서에서는 구체적인 사업계획이 없더라도 마케팅과 관련된 예산이 줄어드는 것을 달가워하지 않는다. 향후 발생할지도 모르는 마케팅 업무 등에 대한 여유예산이 필요한데 한 번 예산이 정해지면 이를 증액하기는 생각보다 쉽지 않기 때문이다. 따라서 과거에 발생한 실적을 근거로 예산을 최대화하려는 논쟁은 예산 수립 시에 자주 볼 수 있는

데, 이 때문에 과거에 발생한 실적에는 불필요한, 즉 절감이 가능한 지출이 포함될 수 있다. 따라서 **과거 실적을 기준으로 수립된 예산을 검토할 때에는 낭비적인 요소가 포함되어 있는지 여부를 면밀히 검토할 필요**가 있다.

실제 이러한 문제를 해결하기 위해 'Zero-base 예산, 즉 영기준예산' 기법을 사용하기도 한다. **Zero-base 예산이란 모든 예산 금액을 원점으로부터 시작하여 타당성이 인정되는 금액만 승인하고 이를 예산에 포함시키는 절차**로, Zero-base 예산을 사용하게 되면 예산에 편성되는 개별항목에 대하여 일일이 필요성을 검토하기 때문에 불필요한 예산을 줄일 수 있는 장점이 있다. 하지만 Zero-base 예산이라는 의미에서 알 수 있듯이, 예산항목이 꼭 필요한지에 대하여 하나하나 점검하기 때문에 예산 수립과 점검에 너무나 많은 시간과 노력이 필요하다는 단점이 있다. 이에 따라 모든 항목보다는 주요 항목에 대해서만 타당성을 검토하거나 검토 주기를 1년이 아닌 3~5년 기준으로 수행하기도 한다.

1년 기준으로 예산을 수립할 때의 한계점 중 하나는 연말이 가까워질수록 예산 집행이 단기적인 시각에서 이루어진다는 점이다. 연말이 다가오면 미처 사용하지 못한 예산을 사용하기 위해 조직들이 분주하게 움직이는 것[4]도 볼 수 있다. 혹시나 연말까지 책정된 예산을 다 사용하지 못하면 차년도 예산을 차감할 수 있다는 불안감이 엄습하기 때문이다. 1월에는 향후 12개월을 바라보며 예산을 사용하지만 11월이나 12

---

4) 연말이면 거리 곳곳에서 다양한 보수공사가 진행되는 것을 볼 수 있는데, 연말에 이러한 공사들이 몰리는 이유는 연말에 보수공사가 계획될 수도 있지만 연말까지 배정된 예산을 사용하지 못하면 차년도에 예산이 깎이기 때문이기도 하다.

월이 되면 남아있는 기간이 1~2개월밖에 되지 않는다. 차년도 예산은 차년도 계획에 따라 다시 운영되기 때문이다. 이런 경우 당년도와 차년도의 계획 및 예산이 연계되어 운영되지 않을 가능성이 있기 때문에 **지속적인 예산 수정을 통해 이러한 한계점을 보완하기도 한다. 이를 실무적인 용어로 'Rolling Forecast, 즉 기간예산'**이라고 하는데, 1월에는 12월까지의 1년 예산을 운영하지만 3월이 되면 내년 2월까지의 1년 예산을 추정하는 방식으로 운영된다. 즉, 시간이 지나도 지속적으로 1년간의 예산을 계속 추정하기에 Rolling Forecast라고도 불린다. 그리고 실무적으로는 Rolling Forecast는 **1년 단위로 수립하는 예산을 대체하기보다는 보완하는 관점으로** 운영되기도 한다. 즉, 매년 1년 예산을 수립하면서 시간이 지나면서 향후 1년간을 추가로 추정하는 방식이라고 보면 된다.

✦ 1년 예산(Budget)과 Rolling Forecast의 운영 예시 ✦

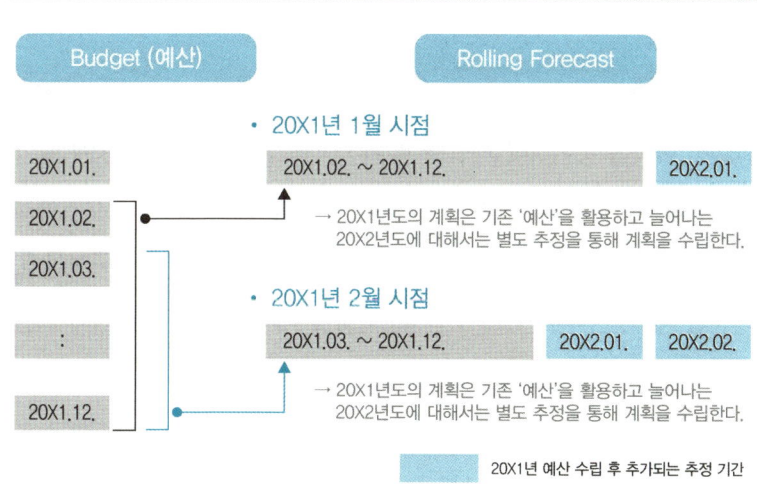

03

예산 수립,
어디서부터 시작하면 좋을까?

종합예산의 수립 절차

⚙ 종합예산! 종합연습장?

일반적으로 기업 내에 대부분의 부서들은 여름 휴가가 끝나고 나면 머리를 쥐어짜는 경우가 많다. 대부분의 기업들이 가을 초입에는 본격적으로 다음 해의 예산을 수립하게 되는데, 이때 예산은 재무부서뿐만 아니라 대부분의 부서가 참여하여 전사적으로 진행되는 '종합예산'이기 때문이다.

'종합예산'이란 미래 정해진 기간 – 통상 1년 – 동안에 각 부서에서 계획한 예산을 통합하여 사업 전체 관점에서 조율한 재무추정치를 요약하는 것이라고 할 수 있다. 사장부터 사원까지 그리고 영업부서에서 재무부서까지 개별적으로 미래에 대한 계획을 가지고 있기 마련인데, 이러한 계획들은 재무적으로 구체화되어야 하며, 또한 유관부서와 조율되어야 완성될 수 있다.

가령 판매부서에서 차년도의 판매수량을 천만 개로 계획했다고 해보자. 하지만 생산부서나 구매부서에서 이를 생산하거나 원재료를 조달할 수 있는 계획이 없다면 판매부서의 계획은 실현될 수 없다. 이처럼 **개별적으로 세운 예산은 유관부서와의 조율을 통해 실현 가능성 관점에서 검토되어야 하는데, 이러한 과정을 '종합예산 편성[5]'**이라고 부른다.

⚙ 예산 수립은 판매 계획부터…

종합예산의 경우 판매 계획부터 시작되어야 한다. 그리고 판매 계획은 최소한 향후 3~5년을 목표로 수립한 중장기 계획 등을 기반으로 수립되어야 한다. 또한 판매 계획을 수립할 때는 판매수량뿐만 아니라 판매가격 정책에 대한 계획도 필요한데, 요즘처럼 다양한 프로모션을 통해 가격을 할인하는 경우에는 판매가격 정책에 따라 예상되는 가격할인 및 판매수수료에 대한 예산도 함께 수립되어야 한다.

판매 계획을 수립했다면 **두 번째로** 고민할 부분이 바로 **생산 계획**이다. 생산 계획은 앞서 구체화된 판매 계획뿐만 아니라 올해 남아있을 것으로 예상되는 기말재고 수준도 고려해야 하는데, 문제는 아직 한 해가 마감된 것이 아니기 때문[6]에 기말재고 수준 또한 실제 수치가 아닌 예상 수치에 근거하여 수립되어야 한다는 사실에 유의해야 한다.

재고 계획을 포함하여 생산 계획이 수립되면 **그 다음으로는 제조원가 계획을 수립**해야 한다. 제조원가 계획에는 기말원재료 수준을 포함한 원

---

5) '종합예산' 수립을 대기업에서만 해야 한다고 오해할 필요는 없다. 1인 기업이나 자영업자일지라도 제품을 몇 개 팔지, 그리고 얼마나 생산할지 등 또한 유기적인 관점에서 고려할 필요가 있으며 이 또한 '종합예산'의 영역이다.

6) 가령 20X2년의 판매계획은 20X1년 하반기에 수립되기 마련이다. 그리고 20X1년 하반기에는 20X1년 말에 재고자산이 얼마나 남아있는지를 정확히 알 수 없기 때문에 20X1년 기말재고자산에 대한 추정이 필요하다는 의미이다.

재료 구매 계획, 제조인력 운영 계획 및 제조간접원가에 대한 계획도 수립해야 한다. 제조간접원가에는 변동원가 성격도 존재하지만 다년간 사용할 시설투자 계획 등 고정원가도 포함된다는 사실에 유념해야 한다.

제조원가 계획이 수립되면 판매 계획과 연계하여 **매출원가 계획이 수립**되는데, 매출원가는 기초재고자산 가액에서 당기 제조원가를 합산한 후에 기말 재고자산 가액을 차감하여 산출된다는 사실을 상기한다면 조금 더 쉽게 이해가 될 것이다.

✦ 매출원가의 계산식 ✦

그 다음으로는 **판매비와관리비 계획을 수립**해야 하는데, 판매비와 관리비 계획을 수립하기 위해서는 판매관리원가를 움직이게 하는 원가동인을 이해하는 것이 필수적이다. 가령 인건비는 인력수급계획에 따라 변동하는 것이 일반적이며, 감가상각비는 해당 유형자산의 상각방법에 따라 변동된다. 또한 물류비는 운송수단 및 운송방법에 따라 변동된다. 따라서 판매관리원가에 대한 항목별 이해가 필수적이다.

✦ 종합예산 수립 절차 ✦

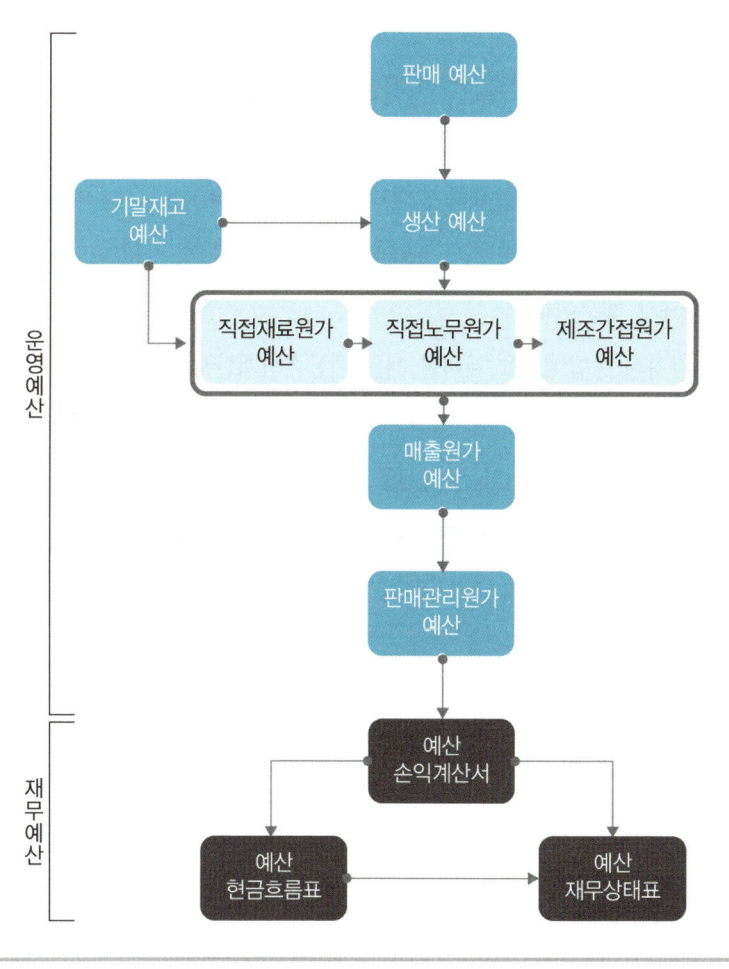

판매관리원가 계획이 완료되면 종합예산을 위한 '예산손익계산서[7]'를 작성할 수 있다. 다만, 종합예산에는 '손익계산서'뿐만 아니라 '예산재무상태표'와 '예산현금흐름표'가 포함[8]되어야 한다. 회계는 그 특성상 정확한 성과측정을 위해 '현금주의'가 아닌 '발생주의'에 따라 그 성과를 관리하는데, '발생주의'만으로는 현금흐름을 예측하기 어렵다는 단점이 있기 때문이다.

예를 들어, 90일 결제조건으로 제품을 판매한다면 판매 시점에 매출이라는 수익을 인식할 수 있지만 현금은 향후 90일 후에 입금된다. 따라서 현재 발생한 매출 기록 시점과 매출로 인한 현금의 입금 시점이 다르다. 현금흐름을 중요하게 바라봐야 하는 이유는 아무리 미래에 받을 돈이 많아도 현재 만기가 도래한 채무를 갚을 여력이 없다면 '부도'가 발생하기 때문이다.

따라서 종합예산을 계획할 때는 예산손익계산서뿐만 아니라 예산재무상태표 및 예산현금흐름표 또한 작성하는 것이 사업의 계획을 면밀히 세우는 데 도움이 된다는 사실을 잊지 말자.

자, 이제 판매 계획부터 하나하나 자세히 살펴보자.

---

7) 물론 손익계산서의 영역에는 영업외수익과 영업외비용 등이 포함되어야 한다. 이자비용이나 이자수익처럼 쉽게 추정할 수 있는 영업외손익 등에 한하여 '예산손익계산서'에 반영할 수도 있지만, 손해배상 등 예상하기 어려운 모든 경우의 수를 반영할 필요는 없다.
8) 사업이 단순한데 이렇게까지 복잡하게 예산을 수립해야 하는지에 대한 의문점이 있을 수 있다. 하지만 예산수립은 사업을 운영하는 데에 있어서 상당히 중요한 절차이며, 단순화를 통해 위에서 언급한 내용들을 단순화하여 적용할 수 있으니 미리 겁낼 필요는 없겠다.

04

얼마나 상세하게
예산을 세워야 할까?

판매 계획과 예산 수립 단위

⚙ 판매 계획을 세울 때는 '대표 제품'을 고려하라.

앞서 이야기한 것처럼 판매 계획을 세우기 위해서는 판매 수량과 판매 가격에 대한 계획이 필요하다. 언뜻 보면 판매 계획을 세우는 것이 간단해 보일 수도 있지만, 막상 구체화하려고 보면 만만치 않다는 사실을 알 수 있다. **생각보다 제품의 종류가 다양**하기 때문이다.

한 예로 필자가 알고 있는 카페만 해도 취급하고 있는 음료의 종류가 68가지이며, 베이커리 또한 그 종류가 32가지이다. 그리고 음료와 관련해서도 HOT인지 ICE인지 그리고 Large Size 또는 Medium Size 여부에 따라 음료의 종류는 더 확장될 수 있다.

한 카페만 해도 실제 취급하는 제품의 종류가 이렇게 많은데, 다양한 제품을 취급하는 회사들에서는 제품의 종류가 얼마나 많을지 까마득하다. 그리고 한 가지 더 의문이 드는 것은 이렇게 많은 제품에 대해서 개별적으로 판매량을 추정하여 예산계획을 수립하는 게 가능하냐는 것이다.

✦ 카페에서 취급하는 제품의 종류 예시 ✦

음료	68종류

커피

  로스터리커피

    에스프레소

    아메리카노

    카페라떼

    카푸치노

    아인슈페너

    :

  드립커피

    브라질

    에티오피아

    시즌블렌드

    케냐

    :

  콜드브루

    콜드브루

    콜드브루 돌체크림

    :

베리에이션류

  라떼

    밀크초콜릿라떼

    리얼생딸기라떼

    :

  블렌디드

    더블에스프레소

    요거트블렌디드

    :

  에이드

    레몬에이드

    :

베이커리	32종류

페이스트리류

  크루아상

    갈릭크루아상

    화이트갈릭

    소시지크루아상

    앙버터크루아상

    :

  크로플

    플레인크로플

    바질앤올리브크로플

    :

  빵오

    빵오쇼콜라

    더티초코빵오

    :

식빵류

  우리백미식빵

  :

조리빵류

  샌드위치

    스파이시 치아바타

특수빵류

  치아바타

    먹물치아바타

    :

실제 실무에서는 이런 경우, 즉 **제품 종류가 다양한 경우** 모든 제품에 대해서 하나하나 예산을 수립하기보다는 **'대표 제품(군)'을 선정하여 판매수량을 추정**하기도 한다. '대표 제품(군)'이 되기 위해서는 ① 일정 수준 이상 판매가 예상되어야 하고, ② 제품 단위당 판매가격과 단위당 제조원가도 유사하여야 한다. 또한 ③ 물류비나 마케팅 집행이 유사해야 동일 유형으로 묶을 수 있다. 이렇게 제품을 유형별로 그룹화하여 그 중에서 하나를 '대표 상품(군)'으로 선정하면, 훨씬 수월하게 판매 계획을 세울 수 있다.

✦ 카페에서 취급하는 대표 제품의 선정 예시 ✦

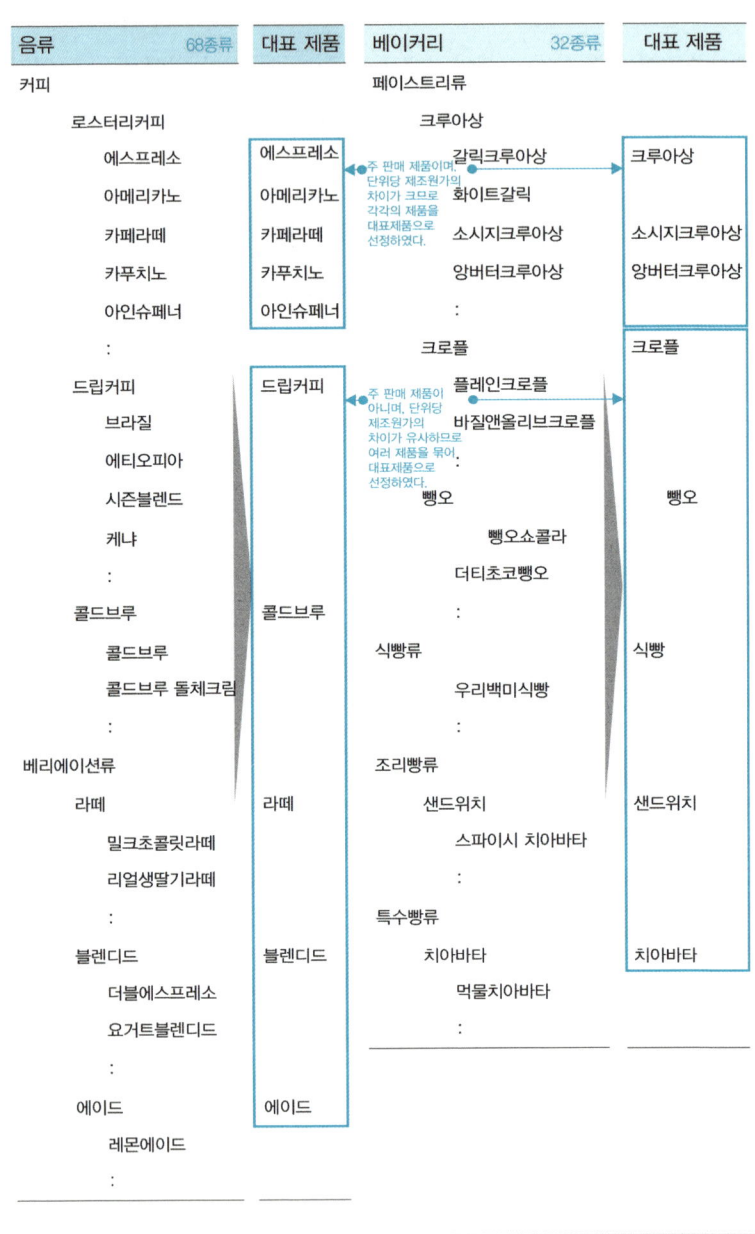

음료	68종류	대표 제품	베이커리	32종류	대표 제품
커피			페이스트리류		
로스터리커피			크루아상		크루아상
에스프레소		에스프레소	갈릭크루아상		
아메리카노		아메리카노	화이트갈릭		
카페라떼		카페라떼	소시지크루아상		소시지크루아상
카푸치노		카푸치노	앙버터크루아상		앙버터크루아상
아인슈페너		아인슈페너	:		
:			크로플		크로플
드립커피		드립커피	플레인크로플		
브라질			바질앤올리브크로플		
에티오피아			:		
시즌블렌드			뺑오		뺑오
케냐			뺑오쇼콜라		
:			더티초코뺑오		
콜드브루		콜드브루			
콜드브루			식빵류		식빵
콜드브루 돌체크림			우리백미식빵		
:			:		
베리에이션류			조리빵류		
라떼		라떼	샌드위치		샌드위치
밀크초콜릿라떼			스파이시 치아바타		
리얼생딸기라떼			특수빵류		
:			치아바타		치아바타
블렌디드		블렌디드	먹물치아바타		
더블에스프레소			:		
요거트블렌디드					
:					
에이드		에이드			
레몬에이드					
:					

주 판매 제품이며, 단위당 제조원가의 차이가 크므로 각각의 제품을 대표제품으로 선정하였다.

주 판매 제품이 아니며, 단위당 제조원가의 차이가 유사하므로 여러 제품을 묶어, 대표제품으로 선정하였다.

⚙ 거래처에 대한 고려도 필요하다

　경우에 따라서는 판매 예산을 수립할 때 제품 종류뿐만 아니라 **거래처 유형에 대한 고려도 필요할 때가 있다. 도매거래와 소매거래 등 경우에 따라서는 **거래처 유형에 따라 거래방식이 상당이 다를 수 있기 때문**이다. 통상 BTB 거래[9]로 불리는 도매거래는 중간거래상에게 제품 등을 판매한다. 또한 중간거래상은 최종 소비자에게 제품을 판매하는 전문 판매업체를 의미하는데, BTB거래는 최종판매가격보다 낮은 가격으로 판매가격이 결정되는 것이 일반적이며, BTC거래의 경우에는 BTB거래보다는 판매가격이 높게 결정된다. 다만 BTC거래의 경우에는 BTB거래에서 중간거래상이 부담해주는 매장임대료나 물류비 등 다양한 판매관리비가 추가로 발생한다.

　또한 최종 소비자에게 제품을 직접 판매하기 위해서는 다양한 마케팅 정책이 수반된다. 특히나 E-commerce 시장이 보편화되면서 소비자들의 관심을 끌기 위한 다양한 마케팅 정책이 계속 개발되고 있다. 이러한 마케팅 정책에는 비용이 수반되거나 가격 할인 등이 필요한데, BTB 거래의 경우에는 이러한 노력이 거의 들지 않기 때문에 최종판매가격보다 낮은 가격으로 판매가격을 설정할 수 있다. 또한 BTB 거래의 경우 대부분 대량 주문이 많기 때문에 이 또한 가격할인이 가능한 이유 중 하나이다. 따라서 동일한 제품이라고 해도 거래처 유형에 따라 제품 판매가격이 다르게 결정되므로 판매 예산도 구분하여 관리할 필요가 있다.

---

9) BTB 거래는 Business to Business의 약자를 의미한다. 반면에 BTC 거래는 Business to Customer의 약자이다.

그리고 마케팅 정책은 '4+1'과 같은 Volume 할인, Season event 등을 통한 가격 할인, 고객 충성도를 위한 마일리지 적립 등 다양한데, 이러한 마케팅 정책은 실질적인 최종판매가격을 낮추기 때문에 판매가격을 예산에 반영할 때도 이에 대한 고려가 필요하다.

생산을 많이 해도 걱정, 적게 해도 걱정

생산 계획과 재고 정책

⚙ 생산계획의 시작은 재고정책부터

판매계획이 확정[10]되면 비로소 생산계획을 수립할 수 있다. 그런데 생산계획을 수립하는 절차는 생각보다 복잡하다. 생산계획을 수립하기 위해서는 회사의 재고정책을 먼저 고려해야 하며, 재고정책을 기반으로 생산 수량을 확정해야 원재료 등의 구매 계획, 설비투자 계획 및 인건비 등 기타 경비에 대한 계획을 상세하게 수립할 수 있기 때문이다.

제품을 생산했다고 해서 바로 팔리지는 않는다. **생산된 제품은 팔리기 전까지는 '재고자산'이라는 자산으로 기록되었다가 제품이 팔릴 때 '매출원가[11]'라는 비용으로 기록되는데, 제품의 생산 시점과 판매 시점이 다르기 때문이다.** 가령 20X2년에 90개의 제품을 생산했다고 해보자. 그리고 20X2년에 80개의 제품이 판매되었다고 해도, 판매된 80개

---

10) 물론 종합예산을 짜는 과정에서 이전에 확정된 판매계획이 수정될 수 있다. 그리고 판매 계획이 수정되면 생산계획도 그에 맞게 다시 수정되어야 한다.
11) 제품 생산에 투입된 원가는 '제조원가'라고 하는데, '매출원가'와는 차이가 있다. 구체적인 차이에 대해서는 'Part 3'에 자세히 기술되어 있다.

의 제품이 전부 20X2년에 생산된 제품이라고 하기는 어렵다. 만약 20X1년 말에 팔지 않고 남아 있는 제품이 10개가 존재한다면, 20X2년에 판매된 80개 중에 70개는 20X2년에 생산된 제품이지만 나머지 10개는 20X1년에 생산된 제품을 가능성이 높기[12] 때문이다.

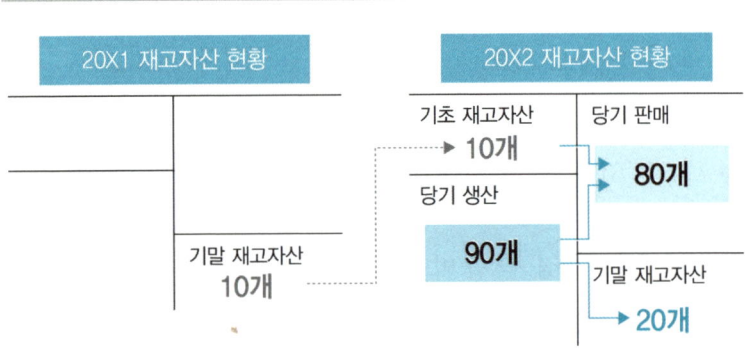

✦ 재고자산의 흐름: 생산 VS. 판매 ✦

이처럼 **판매계획을 수립했다고 해서 예상 판매수량을 그대로 생산수량으로 확정하기보다는 회사의 재고 현황을 고려하여 생산수량을 계획**해야 한다. 재고 현황 또한 회사의 재고 정책을 기준으로 관리되어야 하는데, 재고자산을 과다하게 보유하면 보관비용이나 유지비용이 과다하게 발생할 수도 있으며 재고자산을 부족하게 보유하면 판매 기회를 상실할 가능성이 높기 때문이다. 따라서 재고자산의 보관 및 유지비용에 대한 이슈가 판매 기회 상실에 대한 이슈보다 크다면 재고를 적게 가져가는 방식으로 재고정책을 유지하고, 반대의 경우에는 일정 수준

---

12) 재고자산의 흐름 중 선입선출법(FIFO)을 가정한 경우를 의미한다.

이상의 재고를 가져가는 방식의 재고정책을 고려해야 한다.

⚙ 구매계획 및 제조경비 계획도 면밀하게…

판매계획과 재고정책에 따른 생산량에 대한 계획이 확정되면 원재료 구매계획과 제조경비 계획을 수립해야 한다. 원재료 구매계획은 제품 생산과 유사하게 기말 원재료 수준을 기준으로 구매계획을 수립한다. 그리고 **제조경비 계획을 세우기 위해서는 제조경비를 변동비와 고정비로 구분**해야 하며, 고정비는 다년간 활용 목적으로 지출되는 설비 투자계획과 1년 단위 등으로 지출되는 인건비 계획 등으로 구분될 수 있다.

변동비의 경우에는 생산량에 맞추어 지출 계획을 수립하면 되지만, **설비 투자에 대한 계획은** 다년간 활용 목적으로 지출되기 때문에 별도의 **투자의사결정을 통해 수익성 등을 검토**해야 한다. 인건비 계획 또한 연간 기준으로는 고정비의 성격에 해당되므로, 즉 생산량 변동에 따라 손쉽게 늘리거나 줄일 수 없으므로 인력 충원 및 감원 등에 대한 계획 또한 신중해야 한다.

✦ 카페 사업 상 비용의 변동비 / 고정비 분류 예시[13] ✦

지출 항목	지출 내역	원가 행태	비고
원재료 구입	원두, 밀가루, 종이컵, 베이킹 소다 등	변동원가	
	설탕, 시럽, 우유, 일회용품 등	변동원가	배달관련 비용은 일반적으로 배달건수에 비례하여 증가한다. 하지만, 배달건수와 커피 및 빵의 판매량은 비례하지 않는다. 따라서 커피와 빵의 판매량의 증감과는 다른 방식으로 원가가 증가 또는 감소한다.
배달관련 비용	배달수수료, 앱 서비스이용료 등	기타원가	
유형자산 설치	에스프레소 머신, 그라인더, 오븐기계, 제빙기 등	고정원가	
	카페 인테리어, POS 기, 에어컨, 외부간판, 소방설비, 주방용품 등	고정원가	
임차료 지급	임차료 및 관리비	고정원가	전기 및 수도료 등은 기본 고정비와 사용량에 따라 증가하기 때문에 혼합원가로 분류된다.
	전기 및 수도료 등	기타원가	
인건비 지급	바리스타, 제빵기사 등	기타원가	인건비성 경비는 일정 생산량 및 판매량의 범위 내에서는 일정하지만, 일정 범위를 벗어나면 증가하기 때문에 계단원가 등으로 분류될 수 있다.
	매장 관리직 및 매장 직원 등	기타원가	
	여비교통비, 식대 등	기타원가	
사무용품 구입	프린트 용지, 청소도구, 유리세정제, 쓰레기 봉투, 화장지 등	기타원가	해당 비용 또한 일정 생산량 및 판매량의 범위 내에서는 일정할 수 있지만, 일정 범위나 Event에 따라 원가가 증가 또는 감소할 수 있다.
카페용품 구입	유니폼, 앞치마, 칼 꽂이, 냅킨, 할로윈 소품 등	기타원가	
지급수수료 지급	카드 수수료, 재고 보관료 등	변동원가	일반적으로 카드수수료는 매출에 비례하여 발생하고, 제품 보관료는 원재료 구입량 등에 비례하여 증감하기 때문에 변동원가로 분류가 가능하다.
	방역서비스, POS 사용료, 화재보험료 등	고정원가	

---

13) 제조원가와 판매관리비는 항목별 차이는 많지 않다. 해당 항목이 제조활동에 사용되면 제조원가로 분류되고 판매활동이나 사업 전반에 걸친 관리활동에 사용되면 판매관리비로 분류된다.

⚙ 제품 종류가 많으면 대표제품 군으로…

마지막으로 생산 계획을 세울 때도 앞서 판매계획에서 이야기한 것처럼 개별 제품별로 생산계획을 세울 수도 있지만, 효율성과 판매계획과의 연계성을 위해 판매계획에서 설정한 '대표제품'군을 기준으로 생산계획을 세우는 것이 일반적이다. 또한 계획 대비 실적을 분석할 때에도 실적을 대표제품군으로 그룹핑하여 예실분석[14]을 진행하기도 한다.

---

14) 예산과 실적의 차이분석에 대한 줄임말이다.

06

실적을 고려해서
계획을 수립하자.

비용 계획을 수립할 때 추가로 고려할 사항

☼ 판매관리비뿐만 아니라 제조경비도 비용이다!

비용 계획의 수립은 앞서 제조경비 계획과 유사하다. 정확히 이야기하면 비용에는 제조경비와 판매관리비가 전부 포함되기 때문이다. 즉, 제조경비와 판매관리비는 사용목적에 따라 기능(function)에는 차이가 있지만, 그 원천인 성격(Nature)에는 차이가 없다. 가령 인력을 고용하여 지급하는 월급은 급여라는 성격에는 차이가 없다. 다만 해당 인력이 제조활동을 지원하는 경우에는 제조경비로 분류되지만, 판매활동 또는 관리활동을 지원하는 경우에는 판매관리비로 분류된다. 건물에 대한 감가상각비 또한 해당 건물이 제조활동을 지원하기 위한 공장 건물이라면 제조경비로 분류되지만, 판매활동 또는 관리활동을 지원하기 위한 사무 건물이라면 판매관리비로 분류된다.

이처럼 **제조경비 또는 판매관리비는** 그 사용 원천에는 차이가 없기 때문에 비용계획을 **수립하는 방식은 동일하다**고 볼 수 있다. 따라서 비용계획에는 판매관리비에 대한 계획뿐만 아니라 제조경비 계획도 포함된다는 사실에 주의할 필요가 있다.

⚙ 비용 계획 수립 시, 고려할 사항들

비용 계획을 수립할 때는 다양한 사항들을 고려해야 한다. 비용 계획이라고 이야기했지만, 비용 하나하나마다 그 성격이 다 다르기 때문이다.

우선, 비용 유형별로 **얼마나 자세하게 비용 계획을 수립할지 고민해**야 한다. 가령 해외매출 비중이 높고 판매채널이 다양하다면 물류비를 보관료, 운송료 등으로 세분화해야 한다. 또한 판매채널이 다양하다면 판매채널별로 발생하는 광고선전비를 브랜드 광고, 바이럴광고, 채널광고, 및 판매수수료 등으로 세분화하여 관리해야 할지 여부를 고려해야 한다. 이렇게 세분화된 비용 항목별로 예산을 수립한다면 보다 정확한 예산 및 실적관리가 가능하기 때문이다.

두 번째로 고려할 부분은 비용 항목별로 **직접비화가 가능한 수준**[15] **이 어디까지인지를 고려**할 필요가 있다. 광고선전비를 예로 들면, 한 사업에서 다양한 브랜드를 운영하고 있다면 브랜드 광고비는 브랜드별로는 직접비에 해당된다. 하지만 브랜드 내에 존재하는 다양한 제품 기준으로는 간접비이기 때문에 브랜드 광고비가 각 제품에 미치는 영향을 직접적으로 확인하기는 어렵다. E-commerce에서 자주 발생하는

---

15) 분석하는 대상 및 관점에 따라 직접비 및 간접비(또는 공통비)로 분류되는 기준이 다른데, 이는 'Part 5'에 자세히 기술되어 있다.

채널광고비 또한 채널별 손익분석을 위해서는 직접비에 해당하지만 제품 기준으로는 간접비에 해당될 가능성이 높다. 따라서 예산을 수립하고 손익을 관리하기 위해서 비용 항목이 어떤 관점이나 수준에서 직접비화가 가능한지를 명확히 인지할 필요가 있다.

세 번째로 예산-실적 차이에 대한 **책임 단위를 어디까지 설정할지에 대한 고려**도 필요하다. 결국 예산을 수립하면 해당 예산으로 충분한 효과를 얻었는지를 확인하기 위해서 실적과 비교하고 분석하는 절차는 필수적이다. 그리고 결과에 따라 원인을 분석하고 향후 보완을 위해서 책임지고 운영할 담당이 필요한데, 이를 위해서 비용 항목별로 책임단위를 설정할 필요가 있다. 가령 인건비와 관련된 책임단위는 인사부서로 설정할 필요가 있다. 인력의 운영 계획은 인사부서에서 담당하기 때문이다. 하지만 대부분의 광고선전비에 대한 책임단위는 마케팅 부서로 설정한다. 이렇게 비용별로 책임부서가 다르게 설정되어야 한다.

마지막으로 앞서 고려한 세 가지 사항에 대해서는 예산-실적 분석을 위해 '지출결의서' 등의 **실적 집계 절차와 연계**되어야 한다. 예산을 상세하게 설계하여 수립했지만, 실적은 세분화된 예산만큼 상세하게 집계되지 않는다면 정확한 예산-실적 분석이 어렵기 때문이다. 또한 세분화된 예산 항목들이 회사의 현황에 맞는지 맞지 않는지를 점검하기 위해서는 실제 실적 집계가 어떻게 되는지를 확인해서 세분화된 예산 절차를 덜 상세하도록 조율할 필요도 있다. 사업을 위해서는 '선택과 집중'이 필요한데, **모든 업무를 다 상세하게 관리한다면 비효율적인 업무도 발생**할 수 있기 때문이다.

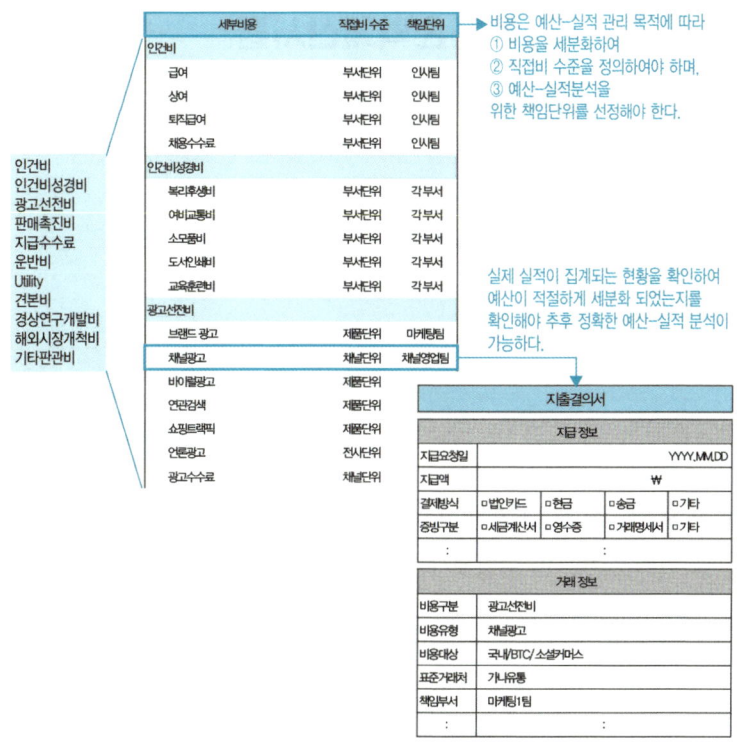

⚙ 이제 추정 손익계산서를 작성할 수 있다.

자, 여기까지 왔다면 이제서야 비로소 추정 손익계산서를 작성할 수 있다. 그리고 추정 손익계산서를 바탕으로 추정 재무상태표와 추정 현금흐름표 또한 작성할 수 있는데, 이제 그 방법을 간단하게 살펴보도록 하자.

07

추정손익계산서를
기반으로 알 수 있는 것들

추정 현금흐름표와 추정 재무상태표를 만드는 방법

✿ 현금흐름을 추정해야 하는 이유

사업 계획을 수립할 때 추정 손익계산서만 작성하는 것도 쉽지 않다. 따라서 대부분의 기업에서는 추정 손익계산서에 온 힘을 쏟은 나머지, 추정 현금흐름표와 추정 재무상태표를 작성하지 않거나 약식으로 작성하는 경우가 대부분이다.

추정 손익계산서를 통해 사업의 목표를 구체화하는 것도 중요하지만 **사업을 잘 운영하기 위해서는 미래의 현금흐름을 추정하는 것 또한 중요**하다. 손익계산서의 흐름과 현금흐름이 일치하지 않기 때문인데, 매출의 인식은 제품이 판매된 때 기록하는 것이 일반적인 반면에 매출에 따른 현금의 증가는 그 이후에 발생한다. 또한 유형자산을 취득하면 취득 시점에 유형자산 총액에 대한 현금이 일시에 지출되지만, 유형자산에 대한 비용은 감가상각비라는 형태로 내용연수에 따라 다년간에 걸쳐 비용화된다. 그리고 감가상각비가 발생할 때는 현금흐름에는 변화가 없다.

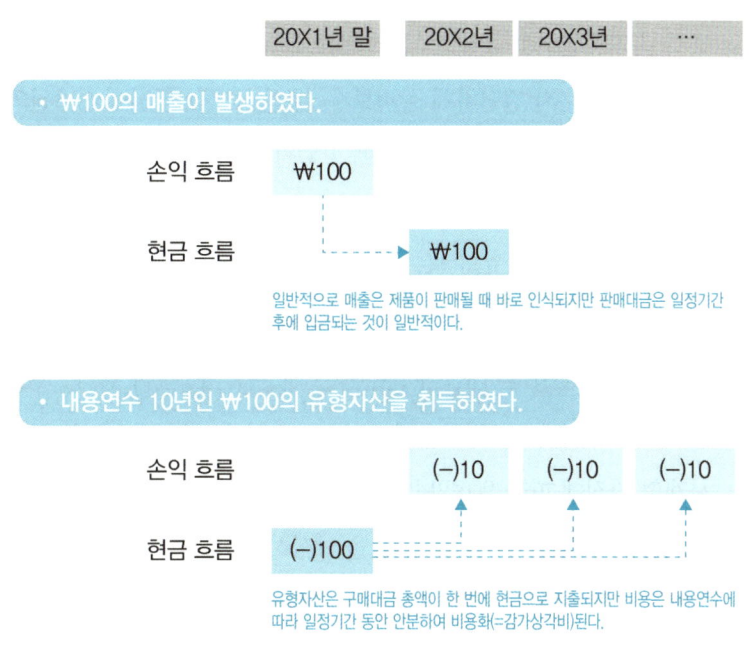

✦ 매출과 감가상각비의 손익과 현금흐름 ✦

일반적으로 매출은 제품이 판매될 때 바로 인식되지만 판매대금은 일정기간 후에 입금되는 것이 일반적이다.

유형자산은 구매대금 총액이 한 번에 현금으로 지출되지만 비용은 내용연수에 따라 일정기간 동안 안분하여 비용화(=감가상각비)된다.

　　또한 사업을 하면서 대부분의 경우 충분한 자금을 보유하지 못하는 것이 일반적이다. 따라서 효율적인 자금 운영 및 확보를 위해서는 추정 손익계산서를 기반으로 현금흐름을 추정할 필요가 있다. 현금이 부족한 시점을 예상하지 못한다면 제때 부족한 자금을 조달할 시기를 놓칠 가능성이 있으며, 추정 손익계산서가 좋게 보인다는 이유로 **현금흐름을 놓친다면 '흑자도산**[16]**'이 발생할 가능성도 존재**하기 때문이다.

---

16) 사업을 하는 데에 있어서, '흑자도산'을 피해야 하는 이유에 대해서는 'Part 1'에서 자세히 기술하였다.

⚙ 현금흐름과 재무현황을 동시에…

추정 손익계산서를 통해 어떻게 추정 재무상태표와 추정 현금흐름표를 만들 수 있는지 간단하게 살펴보자. 우선, 20X1년 말에 150원의 매출채권[17]이 있는데, 20X2년 1월에 100원의 매출이 예상되고 매달 100원의 매출이 증가하는 것을 목표로 하고 있다고 해보자.

해당 정보만을 가지고는 현금흐름을 추정하기는 어렵다. 앞서 이야기한 것처럼 매출이 발생한다고 해서 바로 대금이 회수되는 것이 아니기 때문에 매출 발생 후 대금이 회수되는 기간을 예상해야 한다. 해당 회사는 매출에 대한 대금 회수에 60일이 걸린다고 가정해보자.

사례의 가정에 따라 20X2년의 매출은 1월에 100원을 시작으로 매달 100원이 늘어나는 200원, 300원을 예상하고 12월 말에는 1,200원으로 예상된다. 하지만 20X2년 1월의 현금흐름은 100원이 발생하지 않는다. 매출이 발생한 후 60일이 지나야 대금이 회수되기 때문이다. 다만 20X1년도에 매출이 발생했지만 아직 현금이 회수되지 않은 150원의 매출채권은 20X2년에 회수될 예정이다. 대금회수기간이 60일이기 때문에 20X1년 11월에 발생한 매출 70원은 20X2년 1월에, 20X1년 12월에 발생한 매출 80원은 20X2년 2월에 현금이 증가하는 것으로 예상할 수 있다.

또한 20X2년 1월에 발생한 매출은 대금회수 기간에 따라 20X2년 3월에 회수될 것으로 예상되며, 매출이 발생했지만 아직 대금이 회수되

---

[17] 20X1년 말 150원의 매출채권은 20X1년 11월 및 12월에 각각 70원 및 80원의 매출 발생에 따라 발생한 채권이라고 해보자.

지 않은 100원은 매출채권으로 기록될 수 있다. 따라서 20X2년 1월의 매출채권 잔액은 20X1년 12월에 발생한 80원과 20X2년 1월에 발생한 100원의 매출이 미회수된 상태이기 때문에 총 180원이 기록된다. 이처럼 예상 손익계산서를 기준으로 현금흐름을 추정하게 되면 자연스럽게 재무상태표도 추정할 수 있다.

✦ 매출관련 손익흐름과 현금흐름, 그리고 재무상태 추정 ✦

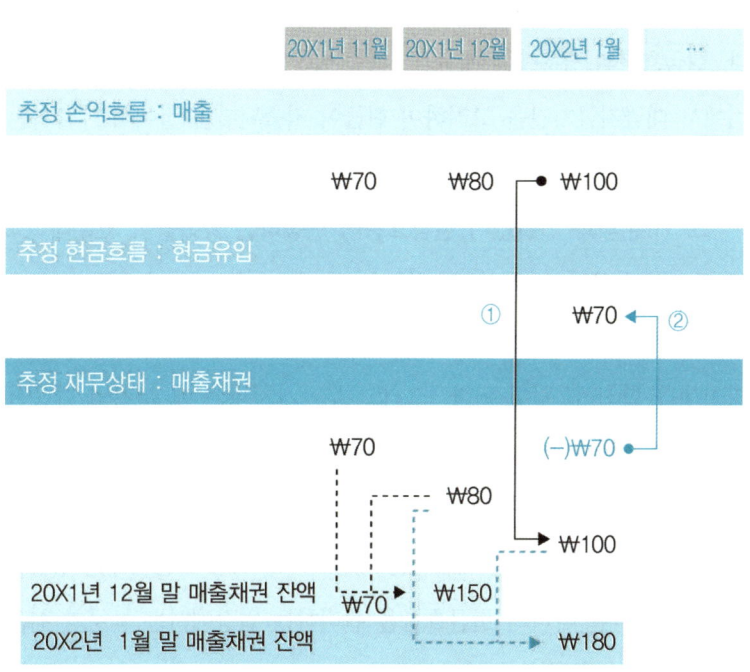

① 매출이 발생하면 매출채권은 동시에 기록된다.
② 대금이 회수되면 발생한 매출채권은 차감된다.

⚙ 현금흐름을 추정할 때 주의할 사항들

다른 여타의 손익항목 또한 현금흐름을 추정하다 보면 재무상태표의 구성요소인 자산 및 부채도 추정할 수 있다. 다만 현금흐름을 추정하기 위해서 별도 고려사항이 필요한 항목들이 존재한다.

우선, 제품을 판매하기 위해 재고자산을 구매하는 경우에는 **재고자산은 구입 당시에는 매출원가가 아니라 재고자산이라는 자산으로 표시**된다. 그리고 **판매 시점에 재고자산은 매출원가라는 비용으로 기록된**다. 현금흐름의 경우에는 매출원가와는 상관없이 재고자산을 구입한 시점에서 대금지급기간을 고려하여 현금이 지출된다는 점에서 매출과는 차이가 존재한다.

그 외 **손익과 연관없이 현금흐름이 변동하는 항목들**이 있는데, 그 중 대표적인 항목이 **부가가치세**[18]**와 예수금 계정**이다. 사례에서 20X2년 1월에 매출과 관련하여 유입되는 현금은 70원이 아니라 10%의 부가가치세를 합친 77원이 된다. 그리고 부가가치세는 매 분기의 다음달 25일까지 납입해야 하기 때문에 77원 중 7원은 20X2년 1월에 세금으로 납부, 즉 현금이 유출하게 된다. 부가가치세의 경우에는 최종소비자가 납부해야 하는 세금을 대납하는 개념이므로 사업의 손익에는 영향을 미치지 않는다. 따라서 현금흐름을 관리하는 입장에서는 놓치기 쉬운 항목[19]이므로 유의해서 관리해야 한다.

---

18) 부가가치세에 대해서는 'Part 1'에서 자세하게 기술하였다.
19) 매출을 하는 경우에는 매출대금에 부가가치세를 포함하여 상대방으로부터 대금을 지급받지만, 매입을 하는 경우에는 반대로 상대방에게 매입대금에 부가가치세를 포함하여 상대방에게 대금을 지급한다. 또한 면세나 영세율 대상인 경우에는 부가가치세를 지급하지 않아야 하므로 실제 현금흐름을 추정하는 과정은 조금 더 복잡하다.

이처럼 예산계획을 통해 추정손익계산서를 작성했다면 해당 결과를 기반으로 추정현금흐름표 및 추정재무상태표 또한 작성할 수 있다. 다만 모든 것은 첫술에 배부를 수 없듯이, 사업계획에 익숙하지 않은 초보자라면 추정손익계산서를 중심으로 계획을 수립하고 추정현금흐름표 및 추정재무상태표는 간략하게 시작하는 것도 방법일 듯하다.

돈이 쌓이는 회계

: 사업을 운영하는 사람들을 위한 6가지 관리회계 도구

관리회계를 넘어…

오랫동안 기업컨설팅을 하면서 한번 즈음은 독자들에게 꼭 소개시켜주고 싶었던 '관리회계 기초'를 드디어 마무리하였다. 필자 입장에서는 미뤄둔 숙제를 끝낸 것 같은 시원함과 그토록 독자들에게 소개해주고 싶었던 관리회계 이야기를 미처 다 하지 못한 것 같아 아쉬운 마음 또한 교차한다. 그 만큼 관리회계가 다루고 있는 주제가 다양하고 그 영역 또한 무한히 넓은데, 기업 내부에서 일어나는 사례 또한 무궁무진하기 때문이다.

앞서 머리말에서 이야기한 것과는 반대로 관리회계만 이해한다고 해서 사업을 잘 운영하기에는 충분하지 않다. 사업운영을 크게 보면 내부 활동과 외부 활동으로 나눌 수 있는데, 매출과 이익 등 내부적 성장을 위해서는 관리회계가 충분한 도움이 될 수 있다. 다만, 사업을 잘 운영한다는 것은 외부적인 성장을 위한 투자유치를 포함한 유상증자, 차입 등의 자금조달과 상장회사라면 주주관리 – 특히, 상장회사라면 재무제표의 건전성 등의 관리가 중요한데, 이는 재무회계에 대한 충실한 이해가 필요하다. 만약 사업 확장을 통해 자회사를 운영하고 있다면 자회사의 재무정보를 포함한 재무회계의 고급영역에 속하는 연결회계에 대한 이해 또한 더해야 한다.

결국 사업을 잘 하기 위해서는 관리회계뿐만 아니라 재무회계 또한 잘 이해하는 것이 중요하며, 관리회계와 재무회계는 궁극적으로 연결되어 있다는 사실을 이해하는 것도 중요하다. 기업의 내실을 잘 다지기 위한 관리회계 지식과 이를 재무제표로 잘 표현하는 재무회계 지식이 연관되어 있기 때문이다.

사업에 대한 이해가 깊어지면서 궁금함에 본격적으로 회계를 공부할 독자들이 있다면 이 점을 이해하고 회계공부를 계속해나가기를 권고해 본다.

저자 **김범석** 회계사

연세대학교 경영학과를 졸업하고 동 대학원에서 MBA 과정을 이수하였다. 삼일회계법인 및 pwc 컨설팅에서 외부감사, 그룹재무전략, 연결경영관리 및 리스크 매니지먼트 등 CFO Agenda 위주의 project성 업무를 수행하였다. 현재는 재무 선진화를 위해 기업들을 대상으로 경영컨설팅을 지원하고 있으며, 다양한 경영전문잡지에 회계관련 칼럼을 연재하고 책을 집필하고 있다. 또한 회계언어를 알기 쉽게 전파하기 위해 회계기초부터 연결결산까지 다양한 회계강의를 진행하고 있다.

- 이메일 : namulab@daum.net
- 블로그 : https://m.blog.naver.com/seok2121
- 브런치 : https://brunch.co.kr/@namulab

감수 **임원빈** 회계사

연세대학교 경영학과를 졸업하였다.
2004년도에 한국공인회계사 시험에 합격해 우리금융지주와 광주은행에서 연결결산 및 연결자회사 관리 등의 업무를 수행하였으며, 삼일회계법인 및 pwc 컨설팅에서 연결경영관리, 연결결산 절차 수립 및 시스템 구축, 재무컨설팅, 인수 후 통합 등의 컨설팅 업무를 수행하였다.
현재는 진일회계법인에서 외부감사, 연결결산 수립 및 시스템 구축, 부동산 사업성 평가, 투자실사, 재무컨설팅 등의 업무를 수행하고 있다.

돈이 쌓이는 회계
– 사업을 운영하는 사람들을 위한 6가지 관리회계 도구

저　　　자　김범석
발 행 인　서동혁
편집·교정　류현수, 박가온, 김영림
편집디자인　이인아, 이은희, 황자애
발 행 처　㈜조세통람
펴 낸 날　2023년 9월 11일 초판 발행

주　　　소　서울특별시 중구 동호로 14길 5-6(신당동)
등　　　록　1976. 11. 5. 제9-81호
대 표 전 화　02) 2231-7027
F　A　X　02) 2234-1754
구 입 문 의　02) 2231-7027~9
I S B N　979-11-6064-281-0　　13320
정　　　가　**22,000원**

저자와의
협의하에
인지생략

(주)조세통람은 좋은 책을 만들기 위해 독자 여러분의 의견을 기다립니다.
• 독자 의견 및 도서 문의 메일 : josetop@inaus.co.kr